北京科技战略决策咨询中心（北科智库）丛书

U0642485

全球变局下的中国与世界

——看国际知名专家如何破局

方 力◎主编

北京科学技术出版社

图书在版编目（CIP）数据

全球变局下的中国与世界：看国际知名专家如何破局 / 方力主编 . — 北京 ：北京科学技术出版社，2020.9

（北京科技战略决策咨询中心（北科智库）丛书）

ISBN 978-7-5714-1054-4

Ⅰ . ①全… Ⅱ . ①方… Ⅲ . ①日冕形病毒—病毒病—肺炎—影响—世界经济—经济发展—文集 Ⅳ . ① F11-53

中国版本图书馆 CIP 数据核字 (2020) 第 139833 号

责任编辑：王　藏
责任校对：贾　荣
装帧设计：天露霖文化
责任印制：吕　越
出 版 人：曾庆宇
出版发行：北京科学技术出版社
社　　址：北京西直门南大街16号
邮政编码：100035
电　　话：0086-10-66135495（总编室）　　0086-10-66113227（发行部）
网　　址：www.bkydw.cn
印　　刷：北京宝隆世纪印刷有限公司
开　　本：889mm×1194mm　1/16
字　　数：159千字
印　　张：11
版　　次：2020年9月第1版
印　　次：2020年9月第1次印刷
ISBN 978-7-5714-1054-4

定　价：78.00元

北京科技战略决策咨询中心（北科智库）丛书

编委会

本书编委会

主　　编：方　力

副 主 编：王　立　　刘清珺

执行主编：李军凯

编　　委：赵　霜　　刘　彤　　罗希婧

　　　　　耿　楠　　刘　畅　　张　楠

　　　　　李宇航　　胡毓哲　　徐丞雅

北京科技战略决策咨询中心（北科智库）丛书

总序

发挥首都高端科技创新智库作用
开创新时代首都决策咨询研究工作新局面

党的十八大以来，以习近平同志为核心的党中央高瞻远瞩、审时度势，对科技创新进行了全局谋划和系统部署。科技创新成为提高国家综合实力和国际竞争力的决定性力量，在党和国家发展全局中的地位和作用愈加凸显。从实施创新驱动发展的国家战略到促进科技成果转化的"三部曲"，再到构建国家技术转移体系，创新不断融入经济社会发展全局；从增加以知识价值为导向的收入分配到为科研人员松绑减负，全面深化科技改革蹄疾步稳，改革释放出的新动能和新活力不断迸发，一批重大科技创新成就集中涌现，中国科技创新取得长足进步。党的十九大报告进一步提出"加快建设创新型国家"，明确"创新是引领发展的第一动力，是建设现代化经济体系的战略支撑"。这一论断标志着创新驱动作为一项基本国策，在新时代中国发展的征程上将发挥越来越显著的战略支撑作用。新时代的科技创新必须进一步强化战略导向、目标导向和问题导向，坚持"三个面向"的战略方向，坚持科技创新和体制机制创新"双轮驱动"，为高质量发展提供更有效的源头供给，为应对风险挑战提供更加坚实有力的支撑，筑牢进入创新型国家行列的根基。

习近平总书记指出，智力资源是一个国家、一个民族最宝贵的资源。我们进行治国理政，必须善于集中各方面智慧、凝聚最广泛力量。改革发展任务越是艰巨繁重，越需要强大的智力支持。[1]智库建设内容被首次写进党的十九大报告，其重要性不言而喻。国内智库建设迎来了重要的战略机遇期与窗口期。

---

[1] 2014年10月27日，习近平总书记在中央全面深化改革领导小组第六次会议审议《关于加强中国特色新型智库建设的意见》时的讲话。

根据北京市委、市政府部署要求，为落实好中共中央办公厅、国务院办公厅《关于加强中国特色新型智库建设的意见》（中办发〔2014〕65号）和中共中央宣传部《国家高端智库建设管理办法（试行）》（中宣发〔2015〕37号），提升智库服务首都改革发展的水平，北京市委宣传部出台了《关于加强首都新型智库建设的实施意见》（京办发〔2017〕34号），强调建设首都新型高端智库，第一位的要求就是坚持党的领导，牢牢把握正确的政治方向，立足我国国情和首都实际，建设党和政府真正的思想库、智囊团，为牢牢把握首都城市战略定位，深入实施京津冀协同发展战略，建设国际一流的和谐宜居之都提供智力支撑。一系列文件的出台，既为北京市科学技术研究院（以下简称北科院）建设高水平科技创新智库提供了重大机遇，也对北科院建立"北京有地位、中国有特色、世界有影响"的国际一流研究机构提出了更高要求。

2017年9月，经北京市委、市政府批准，由北科院主管、主办的北京科技战略决策咨询中心（简称北科智库）作为唯一的科技领域高端智库，入选首批14家首都高端智库建设试点单位。北科智库的主要研究方向为科技创新中心建设与科技发展战略、城市精细化管理、文化与科技融合发展、城市安全与风险治理。

北科智库成立以来，深入学习贯彻党的十九大精神，认真落实习近平总书记多次视察北京并发表的重要讲话精神，紧紧围绕"建设一个什么样的首都，怎样建设首都"这一重大时代课题，以服务国家和北京市委、市政府决策为宗旨，按照北京市委、市政府关于首都高端智库建设工作的部署和要求，以政策研究咨询为主攻方向，不断推动智库建设工作取得实效，在支撑决策、报送决策专报、发表重要理论文章、开展国际交流合作等方面取得一系列研究成果，多项成果获得中央领导、北京市领导批示，展示了强劲的研究实力。

北京科技战略决策咨询中心（北科智库）丛书（以下简称丛书）是北科智库每年主要研究成果的集中呈现，既是对北科智库决策研究成果的定期总结，也是对北科智库创新与发展轨迹的忠实记录。丛书内容紧扣北科智库的研究方向，聚焦决策研究热点，立足调查实践，凸显了研究的科学性和针对性。首批出版的《全球变局下的中国与世界——看国际知名专家如何破局》汇聚了国内外知名专家对全球经济社会发展和走势的专业解读；《京津冀科技创新园区链构建模式与路径研究》分析了京津冀科技创新园区链上的重点合作园区、典型协同创新项目以及园区链构建的模式与路径；《北京市"高精尖"产业结构优化研究》反映了北京"高精尖"产业结构助推经济发展的主要表现；《新时期北京文化和科技融合发展研究》透视了文化和科技融合发展在北京的具体实践；《京津冀能源经济环境系统协同发展研究》《以北科之眼 观数治前沿——"大数据技术与城市治理"培训论文集》展现了北京城市安全与风险治理方面的最新成就。通览丛书，不难发现北科智库专家学者对各自专业领域的热爱与精耕，对"专业性、理论性、实践性"的坚守，对"典型性、可读性、实用性和可借鉴性"的追求，洋溢于丛书的字里行间。

丛书出版之际，我国即将全面建成小康社会，创新驱动发展战略加速推进，面对日益复杂的国内外发展环境，北京落实"四个中心"战略定位、提升"四个服务"水平的使命愈加艰巨，北科智库支撑决策的责任愈加重大、任务愈加紧迫。丛书势必成为北科智库服务国家和北京市重大战略需求的一级级台阶，促进北科智库综合研判和战略谋划能力的一步步提升，通向"全球视野、首善标准、开放理念"的首都高端智库建设目标，并为最终实现"代表中国智库的最高水平，跻身世界一流行列"的更高目标奠定扎实的基础。

"不畏浮云遮望眼，自缘身在最高层。"北科智库不仅要圆满完成首都高端智库的试点建设任务，更要坚持高点定位，融入国家发展全局，以国家的重大需求为导向，聚焦首都改革创新发展的重大问题，全面服务和参与全国科技创新中心建设，推动京津冀协同发展，努力成为国家高端智库的补充。相信丛书的出版，能够为北科智库同国内外高端智库之间的学术交流架建桥梁，为助推北京建设全国科技创新中心和实现首都高质量发展提供更多的思想启迪和智慧支撑！

是为序。

2020 年年初于北京

序

2020 年伊始，新型冠状病毒肺炎疫情（以下简称新冠疫情）暴发，逐步波及 200 多个国家和地区，威胁数十亿人民的健康，并造成自第二次世界大战以来世界经济最严重的衰退。面对新冠疫情的严重冲击，国际社会没有退缩，各国人民守望相助、风雨同舟，汇聚起抗击新冠疫情的磅礴力量。全球抗击新冠疫情的实践表明，人类是休戚与共、风雨同舟的命运共同体，唯有相互支持、团结合作才是战胜危机的人间正道。

这次新冠疫情也给我国经济社会发展带来前所未有的冲击。在以习近平同志为核心的党中央坚强领导下，经过全国人民艰苦卓绝的努力，我国统筹新冠疫情防控和经济社会发展工作取得重大成果，新冠疫情得到有效控制，复工复产有序推进，在较短时间扭转了经济下滑态势，经济恢复好于预期，为世界经济复苏做出了重大贡献。

人类的每一次危机都孕育着新的技术变革和发展机遇。在应对新冠疫情冲击的过程中，以数字技术为基础的新产业、新业态、新模式异军突起，展现出强大的抗冲击能力和发展韧性。后疫情时代，全球必将迎来新一轮创新高潮，大数据、人工智能、物联网、区块链等将构建新的产业生态，重新定义全球分工和比较优势，形成更强大的创新活力，并对人类生产生活方式产生广泛而深刻的影响。我们应顺势而为，抓住"数字复苏"战略机遇，推动产业数字化、智能化转型和创新发展。这不仅将创造大量投资机会，有效扩大国内需求，还将推动技术创新和产业变革，形成更多新的增长点和增长极，有效拓展生产可能性边界，为我国经济发展培育新优势、注入新动能。

北京市科学技术研究院组织策划的"新冠疫情与全球变局"系列国际讲堂（以下简称国际讲堂）是在新冠疫情期间依托互联网开展的面向公众的系列公益讲座，是北京市科学技术研究院在新冠疫情期间发挥自身优势、传播科学精神的积极作为。国际讲堂体现出的"三新"特点是其广受网友欢迎的主要原因。

第一，内容新。国际讲堂的内容聚焦新冠疫情对经济、科技、产业、环境保护以及民众心理健康的影响，反映当下热点，符合民众需求。各行各业的专家分享对于此次新冠疫情的思考，为大众科学地认识与应对新冠疫情带来的冲击提供了专业视角和权威解读。

第二，形式新。国际讲堂采取线上定时直播的方式，体现了互联网时代知识传播的时效性、便捷性以及不受空间限制等特点，在新冠疫情期间有效地进行知识传播。国际讲堂传播科学精神、传递正能量、讲好中国故事，展现了科研单位的社会责任和使命担当，同时，为推进北京的国际交往中心建设做出了有益贡献。

第三，受众新。国际讲堂选取了极受年轻人欢迎的视频发布平台——哔哩哔哩和虎牙直播，在发布平台选择上独具特点，既体现了主办方"科学也可以亲民"的开放态度，也传达了"知识传播重视青年"的价值导向。国际讲堂向青年们传递了科学知识和科学精神，有效拓宽了受众群体，是一次与时代接轨、与世界同行的有益探索和成功实践。

中华民族向来不畏艰难险阻，中国人民有战胜各种风险挑战的坚定信心。衷心希望广大读者特别是青年读者能够从由国际讲堂内容汇编而成的本书中获益，科学、理性地认识新冠疫情对经济社会发展的冲击，准确把握后疫情时代的发展机遇，既要仰望星空，也要脚踏实地，用实际行动投身于在危机中育新机、于变局中开新局的伟大事业，砥砺前行，开拓创新，为实现"两个一百年"奋斗目标和中华民族伟大复兴中国梦不懈奋斗！

中国人民政治协商会议第十三届全国委员会委员

国务院发展研究中心原副主任

2020 年 7 月

2020 年伊始，新型冠状病毒肺炎疫情（以下简称新冠疫情）席卷全球，严重威胁全世界 200 多个国家和地区数十亿人民的健康，并给世界经济和产业发展带来巨大冲击。为客观、理性、深入地解读新冠疫情对全球经济社会发展的影响，落实习近平总书记构建人类命运共同体的讲话精神，向世界传递中国声音，北京市科学技术研究院（以下简称北科院）联合剑桥中国中心，组织策划了"新冠疫情与全球变局"系列国际讲堂（以下简称国际讲堂）。

国际讲堂邀请来自中国、英国、加拿大、德国、日本等国内外著名专家学者，围绕新冠疫情对经济、科技、产业、心理、环境保护等领域造成的影响进行深度解读和观点分享，于 2020 年 4 月 28 日至 6 月 23 日每周二晚 8 点在哔哩哔哩和虎牙直播平台播出，在广大网友中引起热烈反响，单期收看人数超过 5 万人，累计收看人数达几十万人。

作为系列在线公益讲座，国际讲堂在主题设置上紧扣时事热点，讲座专家阵容庞大，"世界创意产业之父"约翰·霍金斯，欧洲科学院院士 Guy P. Brasseur，中华人民共和国国际科学技术合作奖获得者冲村宪树，著名经济学家范恒山、余淼杰，著名教育学家文东茅，中国小众理论的奠基人张家卫，人工智能与移动通信专家舒骋等国内外知名专家学者围绕新冠疫情对经济社会发展以及人们生产生活的影响进行精彩讲解，涉及经济学、环境科学、心理学等领域，为大众理性地、科学地认识新冠疫情以及后疫情时代提供了专业的视角与科学的解读，有效地传播了科学知识与科学精神。为方便网友学习、观看和传播，国际讲堂还为国外专家的讲座添加了中文字幕，受到了广大网友的好评。

国际讲堂是在全民抗疫背景下应运而生的一次跨国界、跨部门的协同合作与创新尝试。项目组织方北科院与剑桥中国中心虽远隔重洋却通力合作，旨在为抗击新冠疫情做出自己的贡献、发出科学的声音；讲座专家来自中国、英国、加拿大、德国、日本，他们精心准备内容，国外专家还克服了时差的问题，用自己的专业知识传播科学精神、点亮新冠疫情下的希望之光；北科院领导班子高度重视、靠前指挥，为国际讲堂的顺利组织提供了强有力的支持；北科院对外合作处与宣传处密切合作，确保国际讲堂得以顺利播出与广泛传播；院属北京市计算中心抽调专门技术人员，为国际讲堂的录制与后期制作提供了专业的技术支撑；北科院对外合作处全体人员更是集体上阵、分工合作，力求精益求精地完成每一个工作环节，即使经常加班也没有一句抱怨。我们想这就是在新冠疫情面前人们展现出的坚强、勇敢、团结与抗争精神，这种精神将指引和激励人们取得抗击疫情的最终胜利！

众志成城，众擎易举。凝聚多方心血与努力的国际讲堂已圆满落下帷幕，并取得了良好的社会效益。为进一步扩大国际讲堂的受益面，在更大范围传播国际讲堂的精彩观点，应广大网友的要求，国际讲堂工作组将专家演讲内容整理成书，奉献给广大读者。当前，我们不仅面临着百年未有之大变局的时代背景，更面临着新冠疫情冲击带来的全球政治经济格局的变化与重组，为此，我们将本书定名为《全球变局下的中国与世界——看国际知名专家如何破局》，以纪念这一特殊的时期。

在本书即将付梓之际，衷心感谢北京市委宣传部、北京市人民政府外事办公室、北京市委网络安全和信息化委员会办公室等上级主管部门和领导的大力支持；衷心感谢著名经济学家、国务院发展研究中心原副主任王一鸣教授为本书作序，进一步地提升了本书的思想价值与学术水平；衷心感谢合作机构剑桥中国中心与国家开放大学的协作配合；衷心感谢所有为国际讲堂奉献精彩观点的专家学者；衷心感谢北科院领导班子的高度重视与大力支持；衷心感谢北科院宣传处和院属北京市计算中心的所有同仁，感谢院属北京市劳动保护科学研究所、北京市理化分析测试中心、北京市科学技术情报研究所、北京对外科学技术交流中心的热心同事；感谢翻译人员的精心翻译，感谢志愿者在文字整理与校对方面付出的辛勤工作；感谢院属北京科学技术出版社的编辑老师为本书的辛苦付出。正是大家的通力合作、密切配合，国际讲堂才能取得圆满的成功，本书才能顺利出版。另外，还要特别感谢几十万网友的持续关注与热情支持，正是网友们的一次次点击、一条条留言和评论，才使得国际讲堂的影响力不断增强、社会价值更加彰显。

征程万里风正劲，重任千钧再奋蹄。北科院将继续秉持"搭建国际讲堂，传播科学精神，构建人类命运共同体"的理念，更好地传播科学精神，传递正能量，充分发挥科研院所对防控新冠疫情、服务公众的支撑作用，履行科研单位应有的社会责任和使命担当。我们仍将继续努力，我们永远在路上……

北科院对外合作处

国际讲堂工作组

2020 年 7 月 20 日

目　录

第一讲

新型冠状病毒肺炎疫情下的
中国经济

主讲人：余淼杰

主讲人简介

余淼杰，著名经济学家，美国加州大学戴维斯分校经济学博士，北京大学国家发展研究院党委书记、副院长，北京大学博雅特聘教授，国际中国研究联盟秘书长，教育部长江学者，国家杰出青年基金获得者，入选北京高等学校卓越青年科学家项目，黄廷芳 / 信和青年杰出学者奖获得者，商务部主办的《国际贸易》执行主编，《长安大学学报》执行主编，《国际经济学评论》（*Review of International Economics*）副主编，《中国经济杂志》（*China Economic Journal*）副主编。曾被联合国、亚洲发展银行及中国财政部、商务部、国务院参事室和多个地方政府聘为专家和顾问。曾被专门邀请到联合国总部做中国经济发展报告。主要研究领域为国际贸易和中国经济发展。论文入选全球经济学与商学领域前 1% 高被引论文，曾在《经济学杂志》（*Economic Journal*）、《经济研究》等国内外一流期刊上发表论文上百篇，出版 / 发表中英文专著、教材、时评随笔 10 部 / 篇。独著论文曾获英国皇家经济学会奖，是首位获得该奖的中国经济学家。曾获全国人文社科研究最高奖——第七届吴玉章人文社会科学奖等多个国家级奖项。

今天非常荣幸有机会在这里与大家分享我对新型冠状病毒肺炎疫情（以下简称新冠疫情）下中国经济的一些不成熟的看法。讲得不对的地方，请大家多多指正。我今天与大家分享的主要有 3 个方面的内容：一是新冠疫情对中国经济的影响；二是中国目前应对新冠疫情的主要政策安排，以及这些政策安排可能会对中国经济产生的影响；三是后疫情时代中国与世界经济大致的格局。

一、新冠疫情对中国经济的影响

在分析新冠疫情对中国经济的影响之前，我们先来看一下 IMF（国际货币基金组织）在 2020 年 4 月对全球各个国家经济的预测（表 1）。

大家可以看到 IMF 对世界生产总值的预测情况，2019 年世界生产总值增长了 2.9%，IMF 预测 2020 年之后世界生产总值将下降 3.0%。如果把全球的经济体分成两大类，一类是发达经济体，另一类是新兴市场和发展中经济体，我们可以看到发达经济体受到的负面影响、负面冲击更明显。IMF 预测发达经济体 2020 年的 GDP（国内生产总值）将下降 6.1%，而对新兴市场和发展中经济体 2020 年的 GDP 下降情况的预测则比较温和。IMF 预测中国 2020 年 GDP 会增长 1.2%，而预测美国 2020 年 GDP 将下降 5.9%。从这里可以看出的一个最基本的信息是 2020 年的世界经济毫无疑问会受到新冠疫情的严重影响。

我们来看一下中国经济的整体情况。

表 1　国际货币基金组织对全球经济增长的预测情况

	增长值（%）	增长预测值（%）	
	2019 年	2020 年	2021 年
世界产出	2.9	-3.0	5.8
发达经济体	1.7	-6.1	4.5
美国	2.3	-5.9	4.7
欧元区	1.2	-7.5	4.7
德国	0.6	-7.0	5.2
法国	1.3	-7.2	4.5
意大利	0.3	-9.1	4.8
西班牙	2.0	-8.0	4.3
日本	0.7	-5.2	3.0
英国	1.4	-6.5	4.0
加拿大	1.6	-6.2	4.2
其他发达经济体	1.7	-4.6	4.5
新兴市场和发展中经济体	3.7	-1.0	6.6
亚洲新兴市场和发展中经济体	5.5	1.0	8.5
中国	6.1	1.2	9.2
印度	4.2	1.9	7.4
东盟五国	4.8	-0.6	7.8
欧洲新兴市场和发展中经济体	2.1	-5.2	4.2
俄罗斯	1.3	-5.5	3.5
拉丁美洲和加勒比国家联盟	0.1	-5.2	3.4
巴西	1.1	-5.3	2.9
墨西哥	-0.1	-6.6	3.0
中东和中亚	1.2	-2.8	4.0
沙特阿拉伯	0.3	-2.3	2.9
撒哈拉以南非洲	3.1	-1.6	4.1
尼日利亚	2.2	-3.4	2.4
南非	0.2	-5.8	4.0
低收入发展中国家	5.1	0.4	5.6

（一）第一季度中国经济下降，但经济表现好于预期

2020 年 4 月 17 日，国家统计局公布的第一季度经济指标显示，中国的 GDP 下降 6.8%，虽然这是中国改革开放 40 多年来首次 GDP 下降，但降幅好于预期，之前大家预测经济下降的幅度会更大。如果更具体点，将 GDP 按照第一产业、第二产业、第三产业进行分解，可以得到如下结论。

第一产业 GDP 下降 3.2%。为何第一产业 GDP 下降较少呢？因为春节之后，中国发生新冠疫情导致城市停工停产，但是农民工基本上都留在了农村地区，并不太影响春耕，所以新冠疫情对农业的冲击是最小的。另外，猪、牛、羊、家禽的肉类总产量将近 1900 万吨，与我之前的预测即小于 2000 万吨比较接近。

新冠疫情对第二产业的冲击相对较大，第二产业 GDP 下降 9.6%。中国作为"世界工厂"，第二产业受到如此大的冲击是比较严重的事情。

新冠疫情对第三产业的冲击却没有预想的那么大，第三产业 GDP 仅下降 5.2%。大家也许会觉得这与自己的直觉并不吻合：整个 2 月基本上餐馆和酒店全部关门，GDP 为何才下降 5.2% 呢？我个人认为有两个原因。一是在新冠疫情没有大规模暴发之前，1 月的经济表现非常好，1 月的 GDP 比 2019 年 12 月上升了 6%。二是虽然 2 月商场关门，但不等于老百姓不消费。其实有两大行业的表现比较突出，就是快递行业和线上的软件业。例如，以前很多人不知道"腾讯会议"这个软件，而现在基本上所有在家办公的人都会用"腾讯会议"。除了快递行业表现比较好以外，传输类软件和信息服务业增长 13.2%，金融业也逆势上升 6%。这两个产业的突出表现，使第三产业 GDP 整体下降没有那么严重。

我个人认为中国经济最困难的时候已经过去了。为什么这么说呢？大

家可以看到新冠疫情在中国已经得到很好的控制，中国现在已复工复产。最困难的第一季度已经过去，从第二季度开始中国经济就会渐渐转好。

（二）中国全年 GDP 增速 3% ~ 4%

接下来我们看一下中国全年 GDP 的增长情况。这是非常有意思的问题。IMF 预测中国 2020 年 GDP 将增长 1.2%，我个人认为 IMF 过度悲观了。当然，之前也有一些经济学家过度乐观。例如，在新冠疫情刚暴发时，很多人说中国 2020 年 GDP 增长率会达 5%，甚至 5.5% 以上，这明显是过于乐观了。这些人会比较乐观，是因为当时他们没有对新冠疫情的长期性、严重性有一个比较清醒的认识。因此，我个人认为中国 2020 年 GDP 的增长率为 3% ~ 4%，如果财政政策、货币政策给力，不排除最高能到 4.5%，但最可能是在 3% ~ 3.5%。现在说一下 3% ~ 3.5% 是怎么算出来的。我们知道第一季度中国 GDP 下降 6.8%，那么从 4 月开始的 3 个季度，我们假设没有新冠疫情，那么中国的 GDP 平均增速会在 6% 左右，2019 年中国的 GDP 平均增速是 6.1%，可能 2020 年低一点。这个预测的前提是没有大规模的刺激政策。而现在国家已经采用了大规模的财政政策和货币政策来刺激经济的发展。换言之，其实尽管受新冠疫情的冲击，但是因为有积极的财政政策、宽松的货币政策，所以也不是不可能一个季度的 GDP 增长率能到 6.3% 左右。假设一个季度的 GDP 增速为 6.3%，3 个季度就是 18.9%，然后减去第一个季度的 GDP 下降值，就可以得出 12.1%，除以 4 就是约 3%。但如果中国经济发展得更好一点，在第二、三、四季度中，每一个季度的 GDP 增速能达到 7.5%，2020 年全国 GDP 的增速就能达 4%。因此，我估计最后的数据可能在 3% ~ 3.5%。

我们来分析消费、投资和进出口的情况。如果看一下 2019 年国家统计局公布的数据，我们会发现消费、投资、进出口对中国 GDP 的贡献率分别是 58%、31%、11%。我的判断是，2020 年进出口对中国 GDP 的贡献率应该与 2019 年差不多，这点我与有些朋友的观点不太一样。现在大家基本上都认为，出口不行了，我不这么看。等一下我会讲我为什么不这么看。那么，消费和投资中哪个对 2020 年中国经济增长的贡献更大呢？毫无疑问应该是投资。我们想培育消费，但是消费受到进口需求的影响，而很明显的一点是现在欧美国家以及一些新兴市场经济体在封国和封城，这样中国的进口需求一定会受到负面的影响，所以消费也会受到负面的影响。毫无疑问，2020 年消费对中国 GDP 的贡献率会下降。

（三）国际贸易

接下来我准备就国际贸易和大家分享 4 点。

1. 第一季度的外贸数据说明了什么

根据中国海关总署公布的 2020 年第一季度进出口总额是 65742 亿元，同比下降了 6.4%。只看这个数据大家会感觉很悲观，但是请一定要把第一季度分成两个阶段，即把 1—2 月和 3 月分开来看。我先说进口，1—2 月中国的进口额同比下降了 4%，但是 3 月中国的进口额反而同比上升了 2.4%。出口方面，1—2 月出口额下降很大，当然 1 月还比较正常，主要是 2 月下降多。1—2 月的出口额同比下降了 17.2%，到 3 月出口额同比下降了 3.5%，第一季度出口额同比下降了 11.4%，进口额同比下降了 0.7%，这些数据说明了什么呢？说明了 3 月进出口总额与 2019 年基本持平，只比 2019 年同期下降 0.8%。换言之，在 3 月进出口的表现中看不出新冠疫情对外贸的负面影响。假设没有新冠疫情，也有可能存在其他方面的原因而导致进出口总额下降。

因此，我根据这些数据得出一个观点，即出口正在复苏，3月出口总额同比只下降了3.5%。为什么出口会复苏呢？可能有3个原因：一是中国已经复工复产，各方面都开始转好；二是企业可能在抓紧满足出口订单，原来停工停产，现在正抓紧满足订单；三是卫生健康领域的出口量没有下降反而上升，口罩、温度计等医疗用品的出口量很大。以上3点说明中国的出口正在复苏。

我们从3月的数据看看进口的情况。我们可以发现中国的进口也在回暖，但我认为进口的回暖是不可持续的。为什么这么说？因为大家都非常清楚，很多国家都在封国、封城，在这样一个背景下，这些国家不太可能持续生产以满足中国的进口需求。因此，进口额从第二季度开始下降是不可避免的。

那么全年的出口总额会下降多少？我们先看第一季度的数据，第一季度的出口总额同比下降11.4%。IMF对全球2020年的国际贸易出口总额的预测是下降11%左右，和中国第一季度下降的幅度差不多。现在有一个非常重要的问题，中国的出口今后是不是会受到很多负面影响？如果您看新闻，时不时就会看到某家企业没有订单的消息，这是不是事实？这是事实，但只是部分现象。

我们先假设IMF的分析可靠，那么全球2020年的国际贸易出口总额同比下降11%。2019年中国的出口总额接近2.5万亿美元，进口总额是2.08万亿美元，也就是说贸易顺差是4200亿美元，折算成人民币是约2.92万亿人民币。2020年会怎么样？假设我国的出口总额下降10%，即出口总额从2.5万亿美元降到了2.2万亿美元，但是进口总额降得更厉害，假设我国进口总额下降 20%，变成 1.6 万亿美元，那么中国的贸易顺差不但不会下降，反而还会上升。这样，可能中国 2020 年依然能够保持大概 4000 亿美元的贸易顺差。大家会觉得这不可思议，好像不太可能。我再分析一下第一季度的情况。第一季度 1—2 月，中国存在贸易逆差，中国作为一个贸易大国从来没有出现过这样的情况，逆差 70 亿美元左右，换算成人民币是 500 亿元左右。但整个第一季度的贸易顺差是将近 1000 亿元人民币。换言之，3 月的贸易顺差是将近 1500 亿元人民币，这就是为什么我说中国的出口已经在 3 月复苏。那 3 月过后怎么会更难呢？

有人会说，现在外需在减少，国外不需要中国的产品。对于这个问题，我们知道，各国出口的产品分三大类：资本品、中间品和最终消费品。中国出口的中间品比较少，中国出口的基本上要么是资本品，要么是最终消费品。那么，占比最大的资本品的出口额会不会下降？答案是会下降。道理很简单，国外不管是发达经济体还是发展中经济体都在封国、封城，没有开工，自然不会买中国的东西，那么中国的资本品出口额就会下降。但是我要强调的是，最终消费品的出口额不会下降。衣服鞋帽这类产品的出口额尽管在第一季度下降了很多，但从第二季度开始，衣服鞋帽的出口额会上升得很快，理由是什么？因为其他国家不生产，特别是欧美国家也没办法从其他国家进口太多衣服鞋帽类产品，就必须从中国进口这类产品。我的意思是，即便我们假设中国 2020 年的出口总额下降 20%、进口总额下降 30%，还是能够保持一个比较大的贸易顺差，中国达到 3000 亿美元的贸易顺差问题不大。

2. 外贸的结构

刚才讲的是总体情况，我现在针对外贸结构与大家分享一下我的 6 个观点。

谁会成为中国最大的贸易伙伴呢？这个很有意思，如果看某个具体国家，那之前毫无疑问是美国，如果看一个经济体/经济区域，欧盟对于中国来说是比美国更大的贸易伙伴。从 2019 年年底的中美贸易战开始到 2020 年，东盟已经取代美国和欧盟而成为中国第一大贸易伙伴，中国海关总署公布的数据显示，东盟和中国的贸易总额占中国贸易总额的 15.1%。为什么会这样呢？这主要是得益于 2010 年中国—东盟"10+1"自由贸易区的形成。这是第一点。

我们来看一下"一带一路"。截至 2020 年 1 月底，中国已经同 138 个国家和 30 个国际组织签署 200 份共建"一带一路"合作文件。这些国家和组织与中国的贸易额占中国贸易总额的比重也在逐渐增加，中国海关总署 2020 年 1 月公布的数据显示，2019 年中国与"一带一路"沿线国家的贸易额占中国总贸易额的近 30%，比前几年的比重都高。这也说明其他"一带一路"国家对中国外贸的重要性不断提高。这是第二点。

我们再来说一般贸易和加工贸易。一般贸易额占中国总贸易额的 60% 左右，加工贸易额的比例在逐渐下降。在新冠疫情的冲击下，是一般贸易受损大还是加工贸易受损大？毫无疑问是加工贸易受损大。因为加工贸易"两头"在外，即原材料和中间品从外国进口，中国加工、包装、装配之后生产出最终品再出口到海外，因此"两头"都会受到影响。如果国际市场发生变动，对加工贸易的负面影响就会比较明显。根据中国海关总署公布的数据，2020 年第一季度中国的出口总额下降了 11.4%，其中加工贸易出口额下降了 17.3%，下降的幅度还是比较大的。这是第三点。

第四点是跨境电商这个新兴业态的外贸额同比增速特别快、增长特别多。我觉得跨境电商真的是最开心的企业了，它们的外贸额同比增长了34%，非常突出。

第五点是如果从所有制结构来看，我国有民营企业、国有企业、外资企业，其中民营企业成为拉动出口的主力。但是民营企业的附加值降幅最大，下降幅度为11%左右。为什么会这样呢？民营企业以中小企业居多，而中小企业现在考虑的不是能不能挣钱的问题，而是能不能活下去的问题，先要解决能不能活下去的问题再说能不能挣钱。

第六点是从产品类别来看，各类产品的外贸额有增有减，当然总的来说减大于增。什么产品的外贸额是增长的呢？大家都能猜到，医疗器械类产品的外贸额肯定是大增的。比较有意思的是集成电器、集成电路类产品的外贸额也是增长的。从严格意义上来讲，中国并不是一些人认为的只出口衣服鞋帽的国家，那是 20 世纪 90 年代的情况，现在中国的外贸是产业链贸易，衣服鞋帽类产品不再是中国外贸产品中最重要的部分。外贸额下降的就是衣服鞋帽以及家用电器这类产品。

3. 服务贸易

什么是服务贸易？例如，我去美国出差，我没有乘坐中国国际航空公司的飞机，而是坐美国联合航空公司的飞机，那就相当于我购买了美国联合航空公司的服务，这就是服务进口，即服务贸易。服务贸易（如旅游、运输、跨境医疗）在 2020 年毫无疑问会受到重创，2019 年中国的服务贸易总额是 8000 亿美元。我的判断是，2020 年中国的服务贸易总额估计会下降一半左右。当然这不只是中国，美国更是如此，现在全球的服务贸易包括旅游、运输、跨境医疗，特别是旅游，现在其贸易额基本清零，下降最快，受影响最严重。

4. 中美贸易

美国东部时间 2020 年 1 月 15 日，中美双方在美国华盛顿签署了《中华人民共和国政府和美利坚合众国政府经济贸易协议》（即，中美第一阶段经贸协议），中国将在 2020—2021 年大量进口美国的商品与服务，总额为 2000 亿美元。现在第一个问题是在新冠疫情这么严重的情况下，这个协议能不能完成。且不说 2021 年，先说 2020 年的进口情况。根据中美第一阶段经贸协议，如果不是出于不可抗力的因素，中国应该在 2017 年的基础上扩大进口 767 亿美元，涉及四大类产品——制成品、农产品、能源和服务。我们需要扩大进口农产品 125 亿美元、能源 185 亿美元、服务 128 亿美元，加起来 438 亿美元，只要美国提供，我个人认为完成这些没有问题。但是现在不敢肯定的是 329 亿美元的制成品进口，我觉得这不一定能完成。原因不是中国没钱买，而是美国有没有东西可卖，或者不愿意卖。我们先不说愿不愿意卖，就说在现在封国、封城的情况下美国有没有东西可卖，这是中美贸易要考虑的一个问题。对于中美贸易，我的一个基本观点是关于四大类产品的扩大进口，农产品、能源、服务这三大类产品完成扩大出口的指标没有问题，但美国是否能够提供 329 亿美元的制成品给中国，要看具体的情况，不能打包票。

（四）就业

大家可能已经注意到，2020 年 4 月 17 日中共中央政治局会议已经把"稳就业"放在重要的位置。稳就业比稳增长更重要。当然这两者是相辅相成的，但是如果二者中只能取一个，那就取就业。我们先看看 2020 年第一季度中国的失业情况，通常国家统计局用城镇调查失业率来表示中国的失业率。2 月，城镇调查失业率达 6.2%。到了 3 月，随着很多企业复工复产，城镇调查失业率降到了 5.9%。

以后一段时间，客观上讲还存在一定的就业压力，特别是到了暑假。2020 年有 874 万高校毕业生要找工作，874 万不是一个小数目。不过我总体判断，如果政策给力，不用太担心，就业问题不大。为什么这么讲？

第一，就业问题能不能妥善处理，取决于中国外贸的状况。中国外贸直接、间接带动了多少人就业？近 2 亿人！中国有近 8 亿就业人口，外贸带动近 2 亿人就业就相当于带动就业总人数的 1/4 就业。2020 年中国的外贸形势其实并没有想象中那么差，特别是出口，原因是欧美国家一定需要中国的消费品，没有任何一个国家能够替代中国提供消费品。能靠印度、孟加拉国吗？现在是靠不住的。如果外贸不太差，就业也不会太差。

第二，就业问题除了看总量，还得看结构。现在中国就业的最大问题不是白领的就业问题，不是大学生的就业问题，而是蓝领工人的就业问题。大多数蓝领工人服务于民营企业，近年来民营企业提供了 80% 的城镇就业岗位，换言之，民营企业的状况决定了蓝领工人是否能够充分就业。因此，民营企业的生存问题是关键。这就是为什么在 2020 年 4 月 17 日中共中央政治局会议上，中央提出民营企业要做好出口转内销的工作。

（五）通货膨胀还是通货紧缩

中国 2020 年第一季度 CPI（居民消费价格指数）同比上涨 4.9%，这已经到了一个临界值。一般情况下，CPI 涨幅超过 5% 就属于比较严重的通货膨胀，CPI 涨幅在 2%～5% 属于比较温和的、可接受的通货膨胀。那么从 2020 年第二季度开始，CPI 到底会上升还是下降？我个人认为，CPI 在 2020 年第二季度之后会降下来。事实上，我认为不只是中国，从全球的角度来看，2020 年也许我们不应该考虑通货膨胀的问题，而是要考虑通货紧缩的问题，尽管现在还没有太多人意识到。为什么需要担心通货紧缩？新冠疫情背景下，封城意味着需求在萎缩，人们只能"宅"在家里，可做可不做的事情就不做，可买可不买的东西就不买。供给下降更是显而易见的，因为国外封城，无法进行全球产业链的配套，所以供给就无法增长。供给和需求同时下降就意味着经济萎缩。当然由于这个原因，全球各大经济体都在增加货币的供给。因此，宽松的货币政策有可能在一定程度上缓解通货紧缩的问题。另外，我认为中国经济的复苏，或者说中国经济的初步复苏，对全球经济避免出现进一步的衰退具有至关重要的作用。中国是世界经济增长的火车头，如果中国经济正常运转，新冠疫情对世界的影响就会相对小一点。

（六）对世界经济的影响

新冠疫情发生后，媒体报道了很多美日制造业回流的消息，日本政府、美国政府鼓励制造业回流到日本、美国，本国政府给企业搬家费、税收减免等直接或者间接补贴。日本政府、美国政府这么做有用吗？我个人认为，短期内这么做有没有用，我不能确定，但长期来看，这么做一定是没有用的。这里我用了比较绝对的词，理由是什么呢？一般企业的目标不是满足国家的需求，而是挣钱、实现利润最大化。以美国制造业为例，制造业回流到美国，企业能不能挣到钱？答案是哪怕没有新冠疫情也挣不了钱。苹果手机能不能在美国生产？不能，主要因为美国的劳动力成本太高。

对日本来讲，制造业回流不是完全没有可能的，但是日本的劳动力成本比中国的劳动力成本高。现在这些劳动密集型制造业不仅在美国、日本待不下去，甚至在中国也有可能待不下去，因为中国的劳动力成本也在不断上升，劳动密集型制造业要流动也应该是向东南亚国家、非洲国家流动。

因此，我说日本、美国的制造业回流不可能长期持续下去。

现在中国已经复工复产，经济逐渐复苏，但新冠疫情对欧美国家的影响可能刚刚开始，或者说新冠疫情对欧美国家影响的减小还有待时日。中国经济有望在新冠疫情中重获竞争优势。

二、中国应对新冠疫情的政策安排

（一）调增速、稳预期、增信心

2019 年经济学界基本认为 2020 年中国 GDP 增速能达到 6%，但是新冠疫情的发生对中国 2020 年第一季度的经济的确造成了较大影响，因此我认为 GDP 增速应该适量降档，2020 年没必要过分强调要翻一番，2020年翻一翻与 2021 年翻一番到底有什么本质区别？我不认为二者有本质区别。如果 2020 年要实现 GDP 增速达 6%，就要求在第二、三、四季度中每个季度的 GDP 增速必须达到 9% 左右，这是很难的，不是说不可能做到，但是如果做到会产生一定的"后遗症"。因此，我认为应该明确指出 2020年调结构比保增长更重要。但中国经济适度增长也是很重要的（2020 年GDP 实现 3% 左右的增长），这是稳就业的前提。

（二）政策目标："六稳"+"六保"

2020 年"两会"的政府工作报告里有两个重要的词，一个是"六稳"，另一个是"六保"。"六稳"的说法是之前就有的，"六稳"包括稳就业、稳金融、稳外贸、稳外资、稳投资、稳预期。

2020 年 4 月 17 日中共中央政治局会议在强调加大"六稳"工作力度的同时，提出"保居民就业、保基本民生、保市场主体、保粮食能源安全、保产业链供应链稳定、保基层运转"，即"六保"。保居民就业和稳就业一样。对于保基本民生，我的理解就是强调做好低保工作，怎么做好低保工作？2020 年第一季度居民名义收入尽管小幅增长，但 2020 年第一季度 CPI 上升 4.9%，说明真实收入暂时没有提高甚至下降了，这肯定会对低收入阶层造成一定的冲击，政府怎么样应对冲击？我认为有两个方式：一是直接发现金；二是发消费券。我个人认为，发消费券比发现金好。如果发现金给低保老百姓，他们可能舍不得花，假设给他们 100 元，他们可能只花 10 元，这无法真正有效地拉动消费。因此，发现金不如发消费券，这是出于保基本民生的考虑。保市场主体毫无疑问是要对中小企业加以保护。关于保粮食能源安全，因为很多国家近期限制了对中国的出口，包括大豆等，所以要强调粮食安全、能源安全。关于保产业链供应链稳定，这主要从加工贸易的角度考虑的，中国加工贸易的主要模式是从日本、韩国进口核心零部件，从东盟国家进口原材料，然后将原材料、核心零部件加工后的产品出口到欧美国家，因此产业链供应链的稳定是要保证的。现在韩国和日本也发生了新冠疫情，要保证它们上游的核心零部件不停止供给，也应该重视稳产业链供应链。这是政治目标。还有一点是保基层运转，经过这次新冠疫情，我们可以看出中国的基层运转是比较好的。例如，政府一声令下大家该封（村、社区）就封（村、社区），大家一开始都觉得很不习惯，后来也很理解，非常感谢基层工作者。我认为保基层运转也很重要。

（三）宏观调控，财政政策与货币政策"双轮驱动"

当经济过热，人们想让其冷却下来的时候，稳健的货币政策非常有效。目前，中国经济因为受到新冠疫情的影响，单靠货币政策使经济完全复苏比较困难。中国还必须采取积极的财政政策。当然最好既采用积极的财政政策，也同时采用稳健的货币政策。

1. 稳健的货币政策

货币政策要更加灵活适度、精准发力，释放贷款市场报价利率（Loan Prime Rate, LPR）潜力。用好3000亿元的专项再贷款；强化对先进制造业、脱贫攻坚、民生就业等重点领域、薄弱环节的金融服务。从2020年2月开始，稳健的货币政策就已经紧锣密鼓地实施。比较有代表性的一次会议是2020年3月3日中国人民银行会同财政部、银保监会召开的金融支持疫情防控和经济社会发展座谈会暨电视电话会，该会议强调金融部门的工作思路是"稳预期、扩总量、分类抓、重展期、创工具、抓落实"。

大力扶植小微企业的措施包括减税降费，减免租金，缓交社保，实行贴息新贷款政策，增加再贷款、再贴现额度5000亿元，新增政治性银行专项贷款3500亿元。2020年3月27日和4月17日的中共中央政治局会议也强调，房地产不会也不应该成为短期刺激经济发展的手段，之前的房地产拉动中国经济的现象不会再出现。还是那句话，房子是用来住的，不是用来"炒"的。

还有一点很重要，即之前尽管有"新36条"（《国务院关于鼓励和引导民间投资健康发展的若干意见》），但不同的所有制企业的要素采购成本不一样，而2020年4月9日公布的《中共中央 国务院关于构建更加完善的要素市场化配置体制机制的意见》则提出在采购要素成本方面对各类所有制企业一视同仁。

2. 积极的财政政策

最近应对新冠疫情的重要手段是积极的财政政策。当说到财政政策的时候，我们一般喜欢用一个词叫"开源节流"。我认为，这一次财政政策不能叫"开源节流"，应该叫"开源开流"或者"开源通流"。为什么呢？我先向大家汇报一下现在的财政情况。毫无疑问，客观来说我国财政短期内是存在一定压力的。第一，土地财政的收入在下降；第二，地方政府的隐形债务在增加；第三，政府要强调减税。这意味着收入减少了，支出增加了。因此，我国财政短期内存在一定压力。有压力就要"开源"。如何"开源"？来源有如下3种。

第一种是预算内资金，它又有3个来源。第一个来源是正常的财政收入。以2019年为例，中国的GDP是近100万亿元，政府的财政收入是约19万亿元。第二个来源是扩大财政赤字，2019年中国的拟定财政赤字率是2.8%，2020年财政赤字率的最保守估计是3.2%，很可能是3.5%，我个人认为可能到4%。其实4%或者3.5%也不算高。第三个来源是其他净调入。如果按照3.5%的财政赤字计算，财政收入、财政赤字以及其他净调入加起来预算内资金为26.5万亿元左右，这是可以确保的。

第二种是政府工作报告已经明确指出的，要发行1万亿元抗疫特别国债，这属于国内贷款。

第三种是自筹资金，包括两个来源，即增加专项债和政策性银行金融债（简称政金债）的规模。2019年专项债的金额是2.15万亿元，2020年估计会到3万亿元甚至3.5万亿元，加上发行政金债1万亿~1.6万亿元，以及预算内资金26.5万亿元，总共30多万亿元。换言之，应对新冠疫情，2020年中国政府有30多万亿元可以花。

接下来很重要的一点是，钱用到什么地方。我们先说专项债，假设专项债是3万亿元，我们合算大概有40%，即1.2万亿元，用于传统基建和"新基建"，另外的60%在2020年政府工作报告已经写了，用于实施老旧小区的改造以及土地的储备。

如果发行 1.6 万亿元政金债，假设其中 50% 用于传统基建，就是 8000 亿元人民币。传统基建主要包括铁路、公路、机场等的建设。中国作为一个发展中国家，传统基建还有很大的发展空间。

我个人理解，传统基建是做存量，"新基建"是做流量。换言之，现在调结构，"新基建"会更加"吃香"。"新基建"有几个特征：一是数字经济，二是智能制造，三是投向需求大、城市密集度高的地方。数字经济意味着信息化，智能制造意味着新型工业化，需求大、城市密集度高的地方意味着城镇化。"新基建"很好地打通了中国政府一直想做的"三化融合"，即工业化、信息化、城镇化的融合。例如，发达国家在 20 世纪一般强调工业化和城镇化，工业化不等于城镇化，城镇化也不等于工业化。有的国家只做到了城镇化，但没做到工业化，就成了贫民窟；有的国家做到了工业化，但是没有做到城镇化，老百姓的幸福就没有办法实现。现在又加了一个信息化，其体现在具体的、落地的产业或行业，主要包括 5G 商用、人工智能等。2020 年中国政府有 30 多万亿元的钱可以花，其中 10% 会投到"新基建"领域。在"新基建"中，特高压不是特别新的概念，但也被反复提到，并在 2020 年被提到很重要的位置。2019 年，全国已经有 12 个特高压工程，项目累计投资达 4300 亿元。2020 年政府准备投资 1800 亿元，特高压工程项目可以带来其他相关领域的投资是政府准备投资的两倍，即 3600 亿元，特高压工程项目总共带来的投资是 5400 亿元。

特高压用来干什么呢？特高压是专门用来发展城市化的。2020 年国家会继续支持特高压建设。五大城市群中除了京津冀城市群、长三角城市群、珠三角城市群，还有新被提到的两个城市群：一个是长江中游城市群，另一个就是成渝城市群。最近特高压发力的地方是在京津冀地区，其比较重要的一条线在雄安和张北地区。

（四）扩大开放，重构全球价值链

2020年上半年扩进口、下半年增出口，2020年中国稳外贸的10项措施如下。第一项，中国海关总署支持中欧班列的运行。新冠疫情暴发之后的中欧班列并没有受到特别大的负面影响，甚至其通行数量逆势增长，因为海关总署出台了10条相关政策支持中欧班列的运行。第二项，中美第一阶段经贸协议两次降低中美两国的关税，进口也在上升。第三项，中国保税区有"海关6条"（海关总署出台的6条支持综合保税区高水平开放、高质量发展的措施）支持发展。第四项，提高通关效率，进一步促进贸易便利化。第五项，做好精准帮扶，做好相关产品的退税工作。第六项，实施专项再贷款、再贴现政策，扶植中小微出口企业。第七项，分设跨境电子商务的综合试验区。第八项，国家认定12家国家数字服务出口基地。这12家数字服务出口基地可分为4种类型：第一种是软件园，包括中关村软件园、上海浦东软件园、中国（南京）软件谷、厦门软件园、齐鲁软件园、海南生态软件园、成都天府软件园。第二种是高新技术产业区，包括大连高新技术产业园区、杭州高新技术产业开发区（滨江）物联网产业园、合肥高新技术产业开发区。第三种是经济技术开发区，包括天津经济开发技术区。第四种是中央商务区，包括广州市天河中央商务区。第九项，加工贸易转型升级和"腾笼换鸟"继续发展，政府现在准备设立各种各样的帮扶机构，或者设立相应的资金来支持加工贸易向中西部转移。第十项是促进外贸。在线上举办中国进出口商品交易会就是在新冠疫情下提升外贸的一种很重要的方法。值得一提的是，广交会是很重要的一个传统贸易的窗口，因为新冠疫情而改在网上举办。我与阿里巴巴（中国）网络技术有限公司（简称阿里巴巴）的管理人员也聊过，在新冠疫情下，阿里巴巴在海外不仅没有受到负面影响，反而销量上升。当然 2020 年 4 月 17 日中共中央政治局会议也重点讲到要帮助企业出口转内销。但是，我个人认为 2020 年下半年的外贸形势不会很严峻。

下面介绍稳外资的情况。一是分类指导，精准扶持，保障两类企业的复工复产。一类是龙头产业，国家缺其不可，肯定要保障；另一类是配套企业。复工不等于复产，复工之后很多地区要求外地返岗员工隔离 14 天，所以复工不等于复产。除了隔离的问题，复工不一定等于复产的另一个原因是，企业想开工，但是上游的配套产品没有来。因此，不仅要帮龙头企业，还要帮配套企业。二是推进要素市场化改革，中国的第一波改革其实是产品的市场化改革，目前重点是生产要素的市场化改革。地方政府对内资、外资要一视同仁。三是产业转移，加工贸易向中西部转移。亲商工作也非常重要。此外，还有一点就是扩大国内市场，通过落实中美第一阶段经贸协议，扩大相关产品进口。同时，有序开放国内金融市场。例如，在 2020 年 4 月 1 日之后，有序地开放国内金融市场也是稳外资的工作。

三、后疫情时代的中国与世界经济格局

我认为，中国这次对新冠疫情的应对，充分体现了中国政府制度纵向到底、横向到边，集中力量办大事的"制度红利"。通过这次应对新冠疫情，我们可以看到我们的制度在公平与效率、经济发展与保障人民健康安全之间做到了较好的平衡。

中国经济长期增长，其世界经济的火车头的地位不会因为新冠疫情而改变。新冠疫情是一个重要的转折点，但我依然认为其对中国经济的影响不一定完全是负面的。中国在 2009 年成为世界第一出口大国。2008—2009 年，在全球金融危机背景下，中国出口额同比下降了 16%，但 2009 年之前的世界第一出口大国——德国的出口额下降更厉害，也就是说中国在衰退中赶超，成为世界第一出口大国。2020 年的情况有点类似。我们看中美经济在全球所占的比例、经济贸易态势的消长情况。到 2020 年年底美国经济下降 5% 是确定的，中国经济增长 3% 问题不大，这意味着到 2020 年年底，按照美元现价来核算，中国经济规模将达到美国的 75%。目前，美国是世界经济的"老大"，但到 2026—2027 年，中国经济总量一定会超过美国。当然，中国的经济总量赶上美国不等于中国会成为最富裕的国家，美国的人均 GDP 仍会比中国高很多，我们还有很长的路要走。

最后我用 3 句话来总结一下今天的演讲内容。

第一，在新冠疫情下，中国经济一度陷入困难，但是现在已在回暖，将成为全球表现最好的国家。

第二，中国的出口已在复苏，全年贸易顺差趋势明显，结构调整效果显著。

第三，新冠疫情下中国经济面临的机遇大于挑战。

文字整理：罗希婧、李宇航

第二讲

新型冠状病毒肺炎疫情下的产业变革与发展机遇

主讲人：舒 骋

主讲人简介

舒骋，中南大学应用物理学学士，中国科学院数学研究所（与贵州大学联合培养）、清华大学、北京大学计算机科学／工商管理硕士。现任随锐科技集团股份有限公司董事长兼首席执行官、合伙人。曾师从著名的人工智能科学家陆汝钤院士与王翰虎教授，深入进行人工智能的体系研究。后在美国西北大学凯洛格管理学院进修"整合营销传播"专业工商管理硕士课程（西北大学凯洛格管理学院与微软公司合办）。2016 年创立随锐公司，并带领随锐公司成为业内知名的智能世界建设与运营商。创立随锐公司之前，曾经在微软公司工作多年，负责微软中国区 Windows 操作系统平台的产品研发与市场营销工作。目前，随锐公司在政府、企业的自有客户总数已超过 70 万家，平台服务的最终用户数累计超过 1 亿人。随锐公司为广大客户提供有关智能世界领域的解决方案与配套服务，产品覆盖通信云、人工智能、"大视频"、物联网、工业互联网、5G、信息安全等科技领域。

新型冠状病毒肺炎疫情（以下简称新冠疫情）自 2020 年 1 月暴发以来，对中国乃至全球的经济都产生了巨大的影响，其中受影响最大的板块就是产业平台和产业供应链。本着凡事都要看两面的原则，我从正面、负面两个方面阐述新冠疫情对产业变革和产业发展机遇的影响，从新冠疫情对中国乃至全球产业链的影响、新冠疫情为中国经济带来的机遇、新冠疫情对中国产业变革和全球产业变革的影响以及在新冠疫情的影响下中国"新基建"应该往哪个方向走 4 个方面与大家进行交流。

一、新冠疫情对中国乃至全球产业链的影响

（一）新冠疫情对中国产业链、供应链的总体影响

新冠疫情对中国的产业链和供应链都产生了影响。中国作为全世界唯一的一个拥有联合国产业分类中所列全部工业门类的国家，产业链受到影响后对全球的进出口、售方市场以及需方市场都产生了巨大的影响。在短期内，因为供应链无法满足供应要求，中国的出口受到不利影响，海外市场亦受损。新冠疫情在中国暴发后，中国政府通过强有力的管控手段，只用了 2 个月左右就控制住了新冠疫情，让中国社会走向平稳，人们的生活和工作逐渐恢复正常。但是，随着新冠疫情在全球蔓延，其影响从单一事件的冲击传导至整个产业链，造成了全球产业链中最重要的供应链的扰动。新冠疫情对中国的影响是从内部展开的，中国先是内部市场受损、内部生产受阻，在国内情况趋稳以后，海外新冠疫情的蔓延又影响了中国的进口，

因为中国有大量的核心零部件要从海外进口。新冠疫情对中国出口的影响更多地体现在对全球供应链和市场供需的影响上，我们来逐一进行分析。

从宏观来看，应该以大纵深视野来看这次新冠疫情对全球的经济产业以及社会变革的影响。此次新冠疫情应该是第二次世界大战以后影响最深远的一次全球事件，它对全球的影响已经深入经济、社会、政治等各个层面。从大周期范围和大纵深视野来看，新冠疫情的影响很大，但我们还要着眼于其在中短期和中长期对中国的产业链和供应链的影响，以及产业变革后的应对措施。我认为新冠疫情对供应链和产业链的影响应该是阶段性的、短期的。经过新冠疫情的考验，中国在全球的供应链和产业链的重要地位不仅没有被削弱，可能还进一步增强了。新冠疫情带来的负面影响对很多中国以外的国家的治理体系造成冲击，这些国家也会反思全球化的利弊。从中长期来看，新冠疫情会对全球化的大趋势产生负面影响，从而产生逆全球化的结果，这会影响中国在全球的产业布局和产业变革的正常节奏。

一个很典型的例子就是富士康集团。富士康集团是在全球化浪潮下，依托全球供应链和产业链发展起来的，是全球供应链平台上极其重要的代工企业和科技产品的制造企业。新冠疫情在中国暴发，富士康集团的许多生产基地被迫停产，生产受到影响。等到业务需求增加，很多的生产线需要复工、招工的时候，富士康集团又遇到了困难——工人招不到，或者工人入厂遇到了很大的挑战。中国的新冠疫情得到控制，对富士康集团产生了积极的影响，但在富士康集团的工厂开始复工复产以后，全球新冠疫情的蔓延又对富士康集团的出口市场产生了不利影响。

富士康集团的创始人郭台铭在接受媒体采访时说，因为国内的复工进展远远超出他的预期，所以他对国内平台的供应层面不担心，但芯片、存储设备、高端面板等核心零部件都要从日本、韩国进口，他对日本、韩国能否恢复到满足供应链进口需求的水平存有较大的疑虑。他认为，新冠疫情对欧美的主流进口国市场的打击会给富士康集团造成更大的影响。在新冠疫情中，富士康集团作为一个布局全球供应链和面向全球供应产品的"双全球"企业是一个很好的样板。实际上，通过富士康集团的担心、应对、复工以及恢复对海外出口的过程，我们可以大概看到新冠疫情对中国产业链和供应链的总体影响。

（二）新冠疫情全球蔓延，从事件冲击演变至链条传导

新冠疫情目前在全球蔓延，它所带来的冲击已经从事件传导至全链条。到目前为止，新冠疫情已经在多国蔓延，包含中国（已得到有效控制）、美国、日本、韩国、英国、德国、法国、意大利、西班牙和伊朗等。这些国家既是市场大国，也是供应链大国，同时还是需求大国。这些国家基本掌握了全球经济的脉搏，也掌握了全球下一步市场能否回暖的命脉。而且，它们目前多数是贸易顺差国，新冠疫情对这些国家产生的影响会逐渐从需求端蔓延到供给端，其影响的不仅仅是全球需求市场，还有全球供给市场。

（三）全球供应链扰动，对中国的影响由内及外

现在全球供应链的扰动，对中国的影响是由内及外的。2000—2017年，全球制造业的供应链发生了巨大的变化，中国的制造业规模逐渐成了全球第一。中国的产业链在全球的布局之大、覆盖面之广是有目共睹的。中国的产业链带动了整个亚太地区供应链的发展，中国成了亚太地区供应链的

辐射中心。新冠疫情在中国暴发，对中国产业链的影响可分为两个阶段。

第一个阶段是中国的供给受到了影响。在新冠疫情暴发以后，中国在所有的城市、乡村采取短期的社区隔离措施，6 ~ 8 周的社区隔离对中国的整个生产行业产生了短期的负面影响。在短期的社区隔离期内，中国的大多数工厂不得不停工，中国供给被按下了"暂停键"，从而影响了全球的供应链。

第二个阶段是随着新冠疫情的蔓延，中国对海外市场的进口依存度、出口依存度提升，而国内、海外供应链受阻，进一步影响了中国的生产能力。2020 年 3 月初，中国的新冠疫情得到初步控制，从 3 月中旬开始中国强调复工、抓生产，中国的供应链开始逐渐恢复，制造业也开始逐渐恢复。根据国家统计局数据，我国复产水平普遍提高，工业生产逐步恢复。截至 2020 年 4 月 24 日，规模以上工业企业中，84.6% 的企业已达到正常生产水平的一半以上；60.8% 的企业达到正常生产水平的八成以上。这说明目前中国的经济形势积极向好。

中国在过去 2 个月里被压抑的市场需求开始逐渐被释放出来。而这时海外新冠疫情蔓延，中国作为全球供应链的重要组成部分，大力生产防疫、抗疫用品和生活保障用品，中国率先恢复生产为全球抗击新冠疫情提供了强有力的物资保障和供应保障。这对中国的经济和产业布局也有影响。

从中国作为全球供应链的需求方的角度来看，日本、韩国、德国是中国当前最重要的原料进口国。日本、韩国、德国如果受新冠疫情的影响而中断对中国的原料供给，对中国进口和出口的链条闭环都会产生比较大的负面影响。中国目前和主要的贸易国在沟通和恢复生产保障以及尽可能保障供应链闭环方面达成了一致。中国通过 G20 峰会的协同平台做了很多实实在在的工作，包括与西方主要经济体（北美市场和欧盟市场）的供应链协同，保障了进口闭环和出口闭环供应链对中国市场和全球市场的供应。新冠疫情对进出口供应链的不利影响基本上得到了控制。

（四）受疫情影响的国家的需求对中国出口的影响

受疫情影响的国家的需求在新冠疫情发生时对中国的出口产生了影响，我们从利、弊两个方面分别进行梳理。从中国出口受损的方面来看，中国出口到受疫情影响的国家的占比最高的商品率先受到了很大影响，如服装、精密光学仪器、空调、化工半成品等。受负面影响最大的是服装、玩具、家用电器、家具。

但新冠疫情对中国的出口也有正面影响，我们能看到两个受益路径。一个路径是全球的供应链受阻以后，中国的替代产品和替代供应链的行业取得了短期利益，如面板行业、汽车零配件行业、集成电路行业，此前这些行业的产品主要由日本、韩国、欧盟国家以及美国和加拿大供给。当这些国家暴发新冠疫情后，中国的产业链中，中低端产品和中高端产品的替代品开始形成，国内的这些行业取得了短期收益。从最近沪深股市这些板块中概念股的股价上涨可以看到新冠疫情对这些行业的影响是积极的。

另一个路径就是一些行业产品的海外需求增加,提高了其市场占有率。中国的供给恢复以后，口罩、防护服、医疗设备以及电力设备、光伏设备的输出使中国的这些产品的市场占有率得到了提升。原本中国的这些产品的市场占有率就比较高，现在得到了进一步提升，这也是新冠疫情对中国出口的积极影响之一。

（五）受疫情影响的国家的供应链对中国进口的影响

新冠疫情对中国进口的影响也比较大，并且影响也是有利有弊的。在负面影响方面，受疫情影响的国家出口的高附加值的部件和设备存在断供和涨价的风险。集成电路、半导体、车辆配件、高端光学影像设备的核心部件、高端医疗器械的核心部件等产品的进口受到了很大的影响。中国是重要的呼吸机出口国，呼吸机的出口份额在全球占很高比例，但是呼吸机中的核心部件、核心控制面板均从欧美市场进口，欧美市场尤其是德国、法国市场断供以后，中国的呼吸机出口也受到了影响。

在正面影响方面，首先，虽然一些原料的进口受到不小的冲击，但是中国可以克服这种冲击导致的问题。例如，塑料制品的原料、一些来自化石燃料的化工原料以往都从国外进口，当这些原料受到新冠疫情的影响而无法进口时，中国本地的替代品的市场占有率就上升了，这些原料在中国本地可以找到替代品。

其次，进口的资源类产品，因为受到新冠疫情冲击，全球市场的产品价格下降，这有利于满足中国的进口需求。我们看到最近的能源价格、矿石价格都在下降，这对于中国的工业生产是利好的。

因此，新冠疫情对中国进口的影响，从基本面来看，目前是利大于弊，但是弊端也不可小觑。

二、新冠疫情下中国经济的机遇

在新冠疫情下，中国经济的主要机遇是全球化趋势受到了重大打击，出于避险的需要，一些产业会迅速地把产业链中一些核心部分进一步向中国市场转移。这是我个人的观点。中国作为全世界唯一拥有全部工业门类的国家，产业链门类非常全，实际上是全球的产业链中心和制造业大国。中国制造业存在的问题就是大而不强，核心产业链和核心部件在中国市场布局的深度和广度不够。这次逆全球化的趋势到来以后，一部分核心产业链可能会向中国市场进一步转移，当然也有一部分核心产业链可能会回归到原来的输出国，这两个趋势都非常明显。另外，我们看到供应链中的一些中高端的部分向中国市场进一步转移，各类资源，包含资本资源、产业链的协同资源，也加速涌向中国市场。

逆全球化原来一直是小众的声音，而伴随新冠疫情的暴发，逆全球化在很多国家引发了探讨。尤其是在新冠疫情到来以后，很多国家在政治和社会层面在往"右"走，右翼势力和民粹主义抬头。对于某些产业而言，全球化的大幅度倒退是有可能的。但产业链本身存在其客观的发展规律，不会随着很多国家的右翼势力的抬头，或者逆全球化趋势的声浪而破坏自身正常的发展规律。产业链集群化是一个重要的概念，是整个全球产业链重构的一个重要支撑点，也是全球产业链重构的重要特征。中国已经形成的全球产业链集群是吸引全球高端制造业和产业链，进一步把它们的核心部分转移到中国的重要支柱和基础。

另外，在"引资补链""引资扩链"方面，全球产业链的大量资本会对中国市场更感兴趣。与欧美市场、日韩市场、东盟市场、中东市场和非洲市场相比，中国市场的产业链集群的支撑作用对其有巨大吸引力，因此在进行综合权衡后，这些资本及资本背后的实体制造业企业会进一步转移到中国市场，从而加速各类资源涌向中国的产业集群和市场。

新冠疫情会使一些外资企业的生产制造业务形成波动，在中短期甚至中长期会影响它们在全球布局的信心。但我坚信，未来它们会重新选择回到中国，与中国的产业链进行合作，这个过程会进一步加速中国完善四大经济圈（区），也就是京津冀经济圈、长三角经济圈、珠三角经济圈、海峡西岸经济区的战略布局，并帮助中国完成九大战略性新兴产业的产业链以及产业集团的业务支撑和业务布局。

中国现在的四大经济圈（区）以长三角经济圈、珠三角经济圈为两大龙头，以京津冀经济圈和海峡西岸经济区为两大支柱，再加上长江中上游以成都和重庆为代表的成渝经济圈，每个经济圈（区）都有非常重要的产业链和产业集团。这些产业链和产业集团是中国经济的重要产业支撑。无论是微电子、健康医药、互联网、消费电子产品、家电、光电产业，还是计算机、通信设备等产业，在长三角经济圈、珠三角经济圈都已经形成了世界级的产业集群，这是中国进一步发展经济的底气所在。

随着雄安新区的成立，京津冀经济圈的地位进一步得到提升，京津冀进一步发挥协同作用，产业的支撑作用也在形成，尤其是随着京津冀的协同发展，高端制造业、新材料产业以及生物产业成了中国新的经济增长点。海峡西岸经济区包括中国很多省份，如浙江、福建等。海峡西岸经济区和长三角经济圈有一部分省份是重合的，在面向沿海地区形成替代港澳市场、替代进口的产业链布局方面也做了很多的贡献。

九大战略性新兴产业形成的产业集群分别有哪些呢？有新一代的信息技术产业，如阿里巴巴（中国）网络技术有限公司、腾讯科技（深圳）有限公司、华为技术有限公司、中兴通讯股份有限公司、中国信息通信科技集团有限公司，它们都是新一代信息技术产业的代表；还有高端装备制造业、新材料产业、生物产业、新能源汽车产业、新能源产业、节能环保产业、数字创意产业、相关服务业。这九大战略性新兴产业的产业链集群在中国不但已经形成，而且发展得相当成熟，可以与欧盟市场和北美市场比肩。这些产业的形成有利于加速全球产业链向中国转移，加速资本向中国转移，即使在逆全球化的背景下，对中国的经济发展也是利大于弊。

三、新冠疫情对产业变革的影响

新冠疫情对很多产业的变革产生了影响，我主要讲 4 个方面。第一，新冠疫情对健康医药产业的影响是什么；第二，新冠疫情对线上化的产业以及产业配套发展变革的影响是什么；第三，新冠疫情对智能化产业与社会治理、日常管理方面的影响有哪些；第四，新冠疫情背景下，社会结构、企业结构、组织结构等方面的信息化治理能力的提升空间在哪里。

（一）健康医药产业迎来快速发展机遇

第一，健康医药产业在这次新冠疫情中迎来了快速发展的机遇，如疫苗的研发、新药的研发、新诊疗方式的开发、新设备试剂的研发以及基于基因手段的前沿医疗手段的开发获得了更多的关注和发展机会，大量的资本向这些热点聚集。

第二，有一个产业在新冠疫情中立下了汗马功劳，就是中国传统的中医药产业。中医药产业在新冠疫情的防控中发挥了非常重要的作用，而且经过实践和广泛的验证后获得了社会高度的认同。因此，新冠疫情的暴发给中医药产业在中国的快速发展带来了发展机遇，也使中医药走出了国门。很多中国援外医疗队也在向受疫情影响的国推荐中国的中医药配方。

第三，新冠疫情促进了我国应急医疗资源保障体系和政府集中采购机制的完善。新冠疫情暴发之初，有些医院在网上呼吁大家捐赠医疗物资，这暴露了国家在应急医疗资源保障体系方面存在的一些问题，如国家在应急医疗资源方面的储备不足。

　　未来政府的集中采购以及应急医疗资源的储备都会扩大，而这也会促进医疗产业市场和医药产业市场发展。此外，经过新冠疫情，中国肯定会加大对基本公共卫生服务体系的建设力度，中共中央政治局常务委员会在2020年3月4日、4月29日、5月6日召开的会议中都提到了这一点。公共卫生医疗保障和公共卫生服务能力的系统化建设肯定会为健康医药产业带来更大的发展空间。

（二）线上化需求刺激相关配套产业发展

　　中国新冠疫情暴发后，大概在2020年1月下旬中国大部分的省、自治区、直辖市实施了封闭社区的措施，进行强有力的社会管控，这进一步刺激了中国所有的线上产业的发展。大家尽量不出门，因此都在网上进行娱乐活动。无论是网络短视频平台，如抖音、快手，还是长视频平台，如优酷、爱奇艺，它们在封闭社区期间的访问量和用户活跃度都得到了极大的提高。2020年2月3日以后，全国逐渐开始复工，远程的线上办公、协同办公成为新冠疫情期间普遍的办公方式，多人协同办公、远程视频会议在很大程度上满足了人们的办公需求。例如，2020年2月3日以后，中国移动的云视讯、中国电信的天翼云会议以及会议通平台的用户量都暴增。在中央电视台对云视讯的采访中，云视讯表示其用户数量暴增了数十倍。线上办公经过这次新冠疫情的洗礼，一定会成为非常重要的产业变革方向。线上协同办公、线上开会、线上办展会、线上云招商、线上云聚会、线上云娱乐，这些趋势都在形成。国内新兴的做线上化服务的厂商也面临大量的机会，除了前面提到的云视讯、天翼云会议等，随锐瞩目视频云会议平台、飞书等新兴的协同办公平台也迎来很多发展机会。

一个很典型的例子是虽然存在新冠疫情，但中国筹备 2022 年冬季奥林匹克运动会（以下简称冬奥会）和冬季残疾人奥林匹克运动会（以下简称冬残奥会）的步伐没有停止。东京夏季奥林匹克运动会和夏季残疾人奥林匹克运动会推迟一年举办，对冬奥会及冬残奥会的协调工作产生了巨大的影响。在新冠疫情期间，2022 年冬奥会和冬残奥会组织委员会的工作人员通过线上办公、远程协作和多方视频会议、跨国视频会议，与国际奥林匹克委员会、参赛国沟通，规划测试赛、开展场地建设等，并没有耽误工作。这就是远程办公的一个非常好的示范案例。

另外，新冠疫情促进了线上教育发展。本来全国各地的中小学校应该在 2020 年 2 月中旬开学，但是大部分地区推迟两个月才实现全学段线下开学，还有少数地区直到 4 月下旬也没有实现全学段线下开学。因此，线上教育获得了大显身手的机会，也让广大没有接触过线上教育、视频课堂的家长、老师有了体验线上教育、进一步了解线上教育以及视频课堂优势的机会。线上教育不仅适用于商业性培训辅导机构，也适用于所有的公立学校，包括小学、中学、大学。此次新冠疫情使线上教育得到了很好的推广。

现在美国、澳大利亚、英国大部分的大学依旧保持着开学的状态，但几乎都是进行网上授课。在新冠疫情发生之前，大家对线上教育是将信将疑的；在新冠疫情发生以后，线上教育得以普及，之后还会进一步促进我国优质教育资源的公平分配。发达地区的优秀老师可以给教育欠发达地区的老师上示范课、给学生上辅导课，这个趋势在中长期内会形成，线上教育平台、教育终端、教育云服务软件和在线交互工具将拥有巨大的市场。中国移动的云视讯、中国电信的天翼云会议、随锐瞩目视频云会议平台都在教育领域有大量的客户，服务于全国上百万所中小学校。

新冠疫情也极大地促进了线上消费的发展。一些中老年人习惯去超市、便利店买东西，甚至会通过电视购物买东西，但是没有尝试过在网络商城上买东西。这次新冠疫情明显提高了中老年群体进行网上消费的比例。另外，线上百货类产品、生鲜类产品的消费量在这次新冠疫情中得到了巨大的提升。

此外，新冠疫情倒逼制造业尤其是高端装备制造业为满足线上需求而进行整改，并进行线上产业平台的布局，既要做好线上模式的配套供应链和产业链的管理，也要做好线上模式的产品推广，以促使制造业在新模式下提高适应能力。

（三）智能化优势凸显

新冠疫情暴发以来，智能化的管理手段得到了巨大的发展，无论是在生产方面还是在人员的管控方面，智能化产业的优势都得到了很好的发挥。虽然我国的新冠疫情得到了控制，但是工人的返岗手续很复杂，通过智能化的电子手段可以跟踪社区的居住人员或者工厂的工人在过去 14 天的行动轨迹。他们只需要通过扫描二维码，得到数字通行证，社区管理人员或工厂管理人员就可以知道他们能否进入社区或者工厂。智能化手段在恢复生产等方面发挥了巨大的作用，也对防止人和人在新冠疫情期间通过接触而导致交叉传染起了极大作用。例如，使用智能送药机器人、智能测量体温机器人可以减少医务人员被传染的风险。新冠疫情也验证了智能产业在实际的生产和社会中起到的作用。

（四）信息化治理能力提升空间巨大

信息化的治理手段在新冠疫情的防控中发挥了重要作用，但是还有很大的提升空间。例如，获取全国的客运数据及大型互联网平台上的用户数据，并对这些数据进行挖掘，以强化社会管控，提升国家治理水平。

另外，信息化在行业治理方面，包括在物流链、供应链、产业链等方面都有很大的提升空间。在新冠疫情高峰期，几乎所有的办公和教学平台都出现了拥堵，大量的企业办公平台甚至出现了瘫痪。这说明基础设施准备不足，有的地方的链路出现了拥塞，光纤普及率和光纤宽带还有巨大的提升空间，这些在新冠疫情暴发之前是看不出来的。当新冠疫情暴发后，人们线上化需求集中暴发，信息化基础设施存在的不足就暴露出来了。

四、新冠疫情影响下中国"新基建"的发展方向

中国"新基建"主要包括5G基建、特高压、城际高速铁路和城际轨道、新能源汽车充电桩、大数据中心、人工智能和工业互联网七大领域，涉及通信、电力、交通、数字等民生和重点保障领域。"新基建"的本质就是新时代中国数字化建设的支柱和中国数字化基础建设。

"新基建"有以下作用。第一个作用是弥补产业链的不足，以及信息化管控、现代化治理手段的不足。5G、大数据普及，人工智能和大数据结合、人工智能和工业互联网结合，会出现越来越多的智慧城市、智慧工厂、智慧街道、智慧乡村和智慧社区。这些智慧社会组织实际上就是数字化的

社会组织。数字化的社会组织能够更高效地管控社会组织，更高效地服务民众。此外，针对新冠疫情所导致的经济下行，"新基建"是一个很有效的扩大内需和拉动经济的手段。

投资、出口、消费是拉动经济增长的"三驾马车"，当出口受阻、消费下行的时候，加大投资尤其是基建投资是保障经济平稳运行的重要手段。针对中美贸易摩擦，我们扩大内需和加大内部的投资也是一个很重要的应对之举。"新基建"还可以加速我国的新旧动能转换，把传统的、低端的、落后的制造业向先进的数字经济全面转换，实现全要素生产力的提升。

在新冠疫情中，我们看到了创新的方案和数字化管控手段的应用，也看到了广大人民群众的需求与现在供给的差距。新冠疫情对中国乃至全球市场，尤其是对产业链的影响，都是有利有弊的，但从中短期来看对全球市场的影响是弊大于利。希望人类能够尽早战胜新冠疫情，恢复生产和生活秩序，大家携手共同发展经济。

对于中国而言，新冠疫情在中短期内的影响是弊大于利，但从中长期来看，新冠疫情对中国的"新基建"以及中国加强国家治理能力建设的影响是积极的、深远的。这次全球蔓延的新冠疫情，对全球来说是一次巨大的考验，对于全球各国的治理结构、经济结构以及产业链布局来说也是一次重大的考验。

新冠疫情作为第二次世界大战以后影响全球最深远的一个重大事件，从中长期来看，以大纵深视野来看，对于全球各国的治理能力的影响是积极的，我们对于全球的未来、全球产业链的未来和全球产业发展的未来都应抱有足够的信心。

文字整理：罗希婧、李宇航、胡毓哲

新型冠状病毒肺炎疫情背景下的"危"和"机"

主讲人：张家卫

主讲人简介

　　张家卫，加拿大灰熊研究院首席研究员，小众行为学研究基金创始人。先后在加拿大西蒙弗雷泽大学、美国索菲亚大学、英国剑桥大学、加拿大多伦多大学担任访问学者。研究方向是战略规划、组织战略管理、商业模式研究以及物流供应链管理，目前主要从事中加、中美经济领域课题以及小众行为学领域的商业模式研究，被称为中国小众理论的奠基人。拥有十几年中国大中型企业董事长、总裁的任职经历，是成功的天使投资人和著名的企业咨询专家，在多家公司担任董事、独立董事、战略顾问。从 2017 年起开展"十年十国"行走计划，连续 3 年行走归来后在温哥华举办千人跨年演讲，分享百日洞见。多篇论文在国内外核心期刊发表。翻译的作品《小众行为学》，以及著作《小众崛起》《赢在创客：丑小鸭管理学》《众筹学》《硅谷视界——未来大变局》等是中国经济类畅销图书。

一、"危"

在当前新型冠状病毒肺炎疫情（以下简称新冠疫情）背景下，"危机"这个词已经成为绝对的热门词。

就中国词汇"危机"而言，"危机"中的"危"字的小篆体可拆分成3部分：上面是一个趴着的人，中间是一个悬崖，下面是一根腿骨。从小篆体"危"的写法，我们可以非常形象地判断出我们当下所处的情况。

当然，小篆体"危"中的"人"不仅代表中国人，还代表全世界的人，在这种情况下仅靠"一根腿骨"支撑着，能不能支撑得住？我从几个方面来阐述一下当下"危"的表现形式到底是什么，其背后的逻辑是什么。

在新冠疫情背景下，我认为当前世界存在一个"黑洞"，即新冠疫情究竟会何时结束，新冠疫情会将全世界的经济带入怎样的深渊。我在加拿大的时候也一直在思考新冠疫情究竟何时会结束。全球一共有233个国家和地区，其中220多个国家和地区已经发现新型冠状病毒肺炎（以下简称新冠肺炎）确诊病例。新冠疫情到底什么时候结束，这是每一个人都关心的问题。

我一直关注约翰斯·霍普金斯大学每天发布的全球新冠肺炎确诊感染者的即时数据。截至2020年4月27日，新冠肺炎确诊感染人数的增长趋势虽然有所减缓，但是我们依然没有看到拐点。

面对如此不确定的增长数字，任何人都不能确定新冠疫情是否会出现反复。于是，人们的担忧就出现了——新冠疫情到底会将全世界的经济带入怎样的"黑洞"？ 2020 年 3 月，美国股票市场 10 天内发生了 4 次熔断，包括原油价格出现了负值等，正如人们所说，现在"黑天鹅""灰犀牛"成群（注："黑天鹅"比喻小概率但影响巨大的事件，"灰犀牛"比喻大概率且影响巨大的存在潜在危机的事件）。

中国国家统计局发布的数据显示，2020 年中国国内生产总值（GDP）第一季度下降 6.8%，其中第二产业下降了 9.6%。国际货币基金组织（IMF）2020 年 4 月发布了对世界总产值变化情况的预测。IMF 公布的数据显示，2019 年世界总产值增长了 2.9%，IMF 预测 2020 年世界总产值会下降 3.0%，2021 年世界总产值会增长 5.8%。具体到主要的国家，2019 年美国 GDP 增长了 2.3%，而 IMF 预测 2020 年美国 GDP 会下降 5.9%，2021 年会增长 4.7%；2019 年中国 GDP 增长了 6.1%，IMF 预测 2020 年中国 GDP 会增长 1.2%，2021 年会增长 9.2%；2019 年印度 GDP 增长了 4.2%，IMF 预测 2020 年印度 GDP 会增长 1.9%，2021 年会增长 7.4%。从该预测中我们可以大概看出，IMF 对 2020 年世界经济形势的预测比较悲观，预测相对乐观的国家是中国和印度。

关于新冠疫情下的经济形势，我们可以用几个英文字母的形状表示经济复苏的几种可能。第一个是"V"形，表示最乐观的形势，即经济跌到谷底后能有快速的、爆发性的反弹；第二个是"U"形，表示经济下降之后，经过比较长的恢复期，然后再上升，我认为此次新冠疫情后的经济形势会呈"U"形；第三个是"L"形，即经济会长期处于低谷；第四个是"W"形，即两个"V"形，意思是新冠疫情过后可能出现反复性的第二波甚至第三波。

除了"黑洞"以外，我认为"危"的最主要的表现形式是全球困局。全球困局对我们来说"极不寻常"但又"似曾相识"。目前的全球困局有以下表现。

一是经济增长的困局。主要体现在全球经济体的高负债率和低利率。目前，很多国家采取了刺激经济增长的措施，但是这些措施其实都是后继乏力的。学过经济学的人肯定知道巴菲特指数。巴菲特指数指的是股票总市值与 GDP 的比值，主要用于衡量当前金融市场是否合理地反映基本面，一般认为巴菲特指数在 75% ~ 90% 是合理的，超过 120% 则表示股票总市值被高估。据美国 Market Watch 网站报道，被称为金融风险风向标的巴菲特指数于 2020 年 4 月 20—24 日再度突破 120% 的预警线，并在 4 月 24 日美股收盘时达到 131%。如此高的巴菲特指数，加上美国失业人口已经突破 2600 万人，引起了金融圈的新一轮恐慌。

二是内部矛盾。内部矛盾指各个国家内部的贫富差距与政治分歧。前段时间我写过一篇文章，题目是《美国的堕落》，分析了美国历史上以及现在越来越大的贫富差距的表现，当然贫富差距在全世界都有，它会导致内部社会与政治矛盾的不断恶化。

三是外部冲突。外部冲突指严重的地缘冲突与贸易冲突。

四是意识形态的冲突。即自由人文主义与社会人文主义的对抗，或者资本主义意识形态与社会主义意识形态的斗争。在意识形态的冲突中，甚至还夹杂着进化人文主义，即纳粹主义的叫嚣，让人们不得不担忧它会卷土重来。

当下的"危"就是我们正在经历"黑洞"的困扰和全球困局。

那么，接下来可能会发生什么？没有人可以完全准确地预测未来。我们如果要预测未来，只能凭过去的经验，事实上无论有多么丰富的经验，做过多么深刻的研究，我们都无法完全准确地预测未来，预测未来的准确度取决于我们对历史和经验的理解有多深刻、多全面。我简单介绍历史上一个重要的类似时期。

2008—2009 年，美国发生了严重的经济危机，联邦基准利率最低达到了 0.05%，这极大地影响了美国联邦储备系统利用降息刺激经济的效果。因此，在此期间，美国联邦储备系统印制了大量货币来直接购买金融资产，但该行为最终导致了金融危机，且由于资产价格上涨，贫富差距被极度拉大。

在此期间，巨大的财富和收入差距导致了极端的两极分化，其形式是大规模民粹主义的出现。例如，美国等发达国家发生了社会主义者领导的主张改革的激进民粹主义者和资本主义者领导的主张保守的激进民粹主义者之间的斗争。当时的新兴强国挑战当时的世界大国时，新兴强国和世界大国的内部冲突就会慢慢被激化。

我们要警惕什么？

当前世界主要是以亚当·斯密学说，也就是分工与协作的古典经济学自由经济模式为主要经济模式。所谓亚当·斯密与凯恩斯之争一直存在。在 20 世纪 80 年代里根－撒切尔主义兴起以后，世界一直以分工与协作的自由经济模式为主导。改革开放以后，中国也采取了这种经济模式，即社会主义市场经济。而凯恩斯经济学始于 1933 年罗斯福新政的实施。罗斯福新政采取的新古典经济学模式，也就是凯恩斯经济学模式，从历史上看事实上是成功的，罗斯福新政采取的经济模式从 20 世纪 30 年代一直持续到 20 世纪 80 年代里根－撒切尔主义时代，共持续了 50 年。

回到现在，新冠疫情后难道需要再用 50 年的时间才能完成全球经济复苏的目标吗？有人可能认为，由于现在科技的飞速发展，完成全球经济复苏的目标不需要 50 年。那是需要 30 年、20 年，还是 10 年？在对"危"的思考中，当前我们无论怎么看待它，都难以乐观起来。我们注意到，新冠疫情对产业的影响目前正逐渐地从下游向上游蔓延，全球的供应链体系现在已经混乱了，中国也很难独善其身。目前，全球都迫切地想复工复产，中国是较早实现复工复产的国家，但目前来看，中国很难独立地应对全球的供应链中断问题。目前，受新冠疫情影响的主要行业有餐饮业、旅游文娱业、服装零售业、电影演艺业、房地产业、汽车业、金融服务业等。如同多米诺骨牌一样，一家企业倒下了，其他企业也难以独善其身。每一家企业都要面临的问题是能否幸运地在已经倒下的企业后面挺立。2020 年 4 月 26 日，全球第三大、加拿大最大的钻石矿企业宣布破产，这在过去看来是不可思议的。加拿大新冠疫情暴发仅两个月的时间，这家企业就宣布破产了，这说明什么？不仅是小微企业，大企业甚至跨国企业都面临巨大的危机。2020 年 2 月中旬，湖畔大学对 151 名在企业担任首席执行官（CEO）的学员进行了新冠疫情对企业的影响的调查，调查结果显示，约 45% 的学员认为 2020 年其所在的企业的业绩会与 2019 年持平或比 2019 年有所增长；约 81% 的学员认为其所在的企业的现金流能支撑企业存活半年；近一半的学员认为如果新冠疫情无法得到控制，那么其所在的企业将在一年内出现现金流问题。复工复产、现金流储备和行业转型升级是这些 CEO 在新冠疫情期间最关注的 3 件事。通过湖畔大学的调查，我们可以看到一些"危"的表现。如果湖畔大学的 CEO 学员对企业发展的态度尚且如此，那么中小企业面临的困境或者不确定性会更加严重。

同时，在"去全球化"的叫嚣中弥漫着新冷战思维和战争的味道。面对国家间价值观的严重冲突，无论是盲目自大还是妄自菲薄，都是非常不利的。

综上所述，经济增长困局、内部矛盾、外部冲突和意识形态冲突四股力量的结合会不断强化"黑洞"现象，任何拯救措施似乎都难以填补巨大的"黑洞"。

二、"机"

"危机"除了"危"以外，还有"机"，我们还应该看到"危"中存在的机会。《说文解字》里"机"通"积"，意取累积，积木生机，助缘合因，至取正果。从"机"的小篆体字形看，其寓意是危机中孕育着机会，最后好的结果必然会到来。

从目前的数据来看，中国大部分地区的复工率已经达到比较高的水平，尽管复工之后还会有若干问题，但无论如何，中国目前是全世界表现最好的国家。中国的新冠疫情控制得最好，与中国政府对全民的调动能力以及民众的配合有关，在这一方面中国确实是世界上独一无二的，其他国家很难完全复制中国的经验。但是，新冠疫情后经济的复苏过程将是缓慢、漫长的，这个过程是"U"形还是"L"形呢？即使这个过程是"U"形，经济复苏的速度也是缓慢、漫长的。经济复苏的速度不仅取决于中国国内的形势，同时也取决于全球终端市场的经济情况。我在这里要强调一个概念，即全球供应链的再平衡，就是全球供应链在这次断裂之后，能够完全恢复到原来的平衡状态。目前，我们还难以预测全球供应链的再平衡何时以及如何达到，但是无论如何，不破不立，"破"中孕育着机会。我认为中国目前有如下机会应当把握。

（一）与欧洲合作

在历史上，中国产业对欧洲市场的渗透率一直不高，这有多种原因，但主要是欧洲市场对中国产品的认可度不高，而中国企业对欧洲市场的认知度也有限。欧洲有一大批专业技术型中小企业，但普遍面临着市场萎缩而自身又无力开发海外市场的困境，这次新冠疫情会加剧这些企业的生存危机，这可能会为中国企业提供前所未有的兼并收购机会。尽管欧洲的这类企业设置了很多海外兼并收购的门槛，但是因为新冠疫情的影响，它们在生意面前很难说"不"。

（二）与北美洲合作

北美洲 3 个比较大的国家是美国、加拿大和墨西哥。美国仍然是中国重要的贸易伙伴。面对现在紧张的中美关系，我认为我们要面对现实，抛开幻想，尽最大的努力，做最坏的打算，以减轻负面影响。在此过程中，对于企业，我提出迂回战略，即将产业布局到北美洲国家，尤其是加拿大。新冠疫情暴发之后，中国和加拿大继续保持着合作关系，媒体对两国关系的正面报道也比较多。

加拿大统计局公布的数据显示，来自美国、中国、墨西哥和德国的进口额分别占加拿大进口总额的 51.1%、12.7%、6.2% 和 3.2%，但加拿大对美国的出口额超过其出口总额的 75%，也就是说，美国与加拿大的贸易关系优于中国与加拿大的贸易关系。大多数加拿大的出口商也将美国作为其首次进入国际市场的最佳选择。中国应该加大对加拿大市场的布局，即将产业布局贴近市场。尽管加拿大和美国的关系牢不可破，但在过去几年中国与加拿大的贸易额的增长速度却很快。因此，我认为中国应该特别重视和加拿大的贸易关系，尽量不要使其完全倒向美国一边。

近年来，墨西哥越来越重视中国的投资，包括对汽车零部件、钢铁、电子材料类企业的投资，中国企业对此感觉非常敏锐。2020年1月15日，中国驻墨西哥大使祝青桥先生在墨西哥经济部"中国日"活动上的讲话透露，中国已连续15年保持墨西哥第二大贸易伙伴的地位。中国在墨西哥累计投资超过12.7亿美元，墨西哥的中资企业数量已超过200家。美国政府宣布自2019年5月10日起，对从中国进口的2000亿美元商品加征的关税税率由10%提高到25%；"美国—墨西哥—加拿大"协议要求汽车零部件的原产地来自北美地区的比重从72.5%提高到75%，这促使很多中国零部件制造业转移到了北美洲。因此，墨西哥应该成为中国企业打开北美洲市场的桥头堡。在目前的形势下，中国企业如何更好地融入是当前需要解决的问题，而解决这个问题要靠中国人的智慧。

（三）和谐亚洲

我在这里强调"和谐亚洲"的观念，是因为改革开放40多年来，整个亚洲，包括中国、日本、韩国，在产业链和供应链上非常契合，为区域的进一步融合打下了基础。亚洲市场包括中国国内市场将是未来中国经济发展的基石。2019年12月，中国、日本、韩国三国领导人共同发表了《中日韩合作未来十年展望》，其中提出要加快中日韩自贸协定谈判。新冠疫情暴发后，中国、日本、韩国更应注重合作，搁置争议，共度时艰。

（四）"一带一路"与时俱进

"一带一路"是中国发起的合作倡议。海关总署2020年1月公布的数据显示，2019年中国与"一带一路"沿线国家的贸易值是9.27万亿元，占中国贸易总值的近 30%。在新冠疫情背景下，我认为中国应继续巩固和推进与"一带一路"沿线国家的战略合作关系，有所为、有所不为。

（五）"中国工厂世界造"——输出中国模式

对于国际市场，或者说中国和全球市场的关系，我在与很多专家、学者、企业家们探讨时提出过一个概念，叫"中国工厂世界造"，即输出中国模式的概念。中国过去是"世界工厂"，新冠疫情发生之后，中国要保持"世界工厂"的地位将会非常难。对此，我认为中国要分析自身的情况。中国经历改革开放 40 多年的快速发展，形成了两个非常明显的优势。一是中国资本和中国市场。我举两个例子。一个例子是曹德旺先生的福耀玻璃工业集团股份有限公司（以下简称福耀玻璃）进军美国市场，在底特律建厂，尽管有供应不足的问题，但福耀玻璃至少取得了阶段性成功。另一个例子是中国著名的奶粉企业——黑龙江飞鹤乳业有限公司（以下简称飞鹤乳业）。飞鹤乳业于 2016 年进军加拿大市场，自 2017 年签约至今，已成为在加拿大本土单体投资最大的奶粉企业。在加拿大的土地上，两年时间里一座现代化的奶粉工厂平地而起，这很不可思议，而且赢得了加拿大联邦政府、省政府、市政府以及社区的支持，也赢得了同行的支持。二是中国速度。中国在新冠疫情暴发之前已经有了成功的、体现中国速度的先例，如飞鹤乳业在加拿大建厂。在新冠疫情之后我们要更深层次地研究中国模式的优势，研究中国怎样在新形势下更顺利地走向海外。

三、回归与进化

关于中国经济的未来，我提出了回归和进化的观点，即要回头重新认识商业的内在逻辑，认识转型升级的刻不容缓。那么，全球产业链重构，新商业机会究竟在哪里？对此，我提出以下 4 点看法。

第一，云上发力。过去中国一直强调转型升级，转型升级包括云上发力。云上发力就是利用"私域流量池＋社交直播＋小程序裂变"，赋能门店与导购，打造数字化社交零售闭环。目前，中国在这方面的表现是全世界最好的，如腾讯科技（深圳）有限公司的"智慧零售"小程序，阿里巴巴（中国）网络技术有限公司的"新零售"系统。总的来说，现在大量的实体店关门了，云上发力已经成为挽救不少零售业的一个种业销售渠道。新冠疫情过后，传统的模式与云上模式可能会成为两个平行的主流模式，因为人们在生活、工作中习惯了线上模式。我最新出版的一本书叫《小众战略》，书中我用大量的案例说明了在互联网经济或者后互联网经济中我们怎样成为赢家。在书里我提到"还记得重症急性呼吸综合征（SARS）吗？"在 SARS 暴发的那年，即 2003 年，阿里巴巴（中国）网络技术有限公司的淘宝网诞生，北京京东世纪贸易有限公司下决心转型做电商，新东方教育科技集团的线上平台终于发力……当下，在产业链重塑的过程中，线上模式已成为主流的经济模式，孕育出了新的机遇，那谁能成为赢家？这涉及战略、勇气，当然还涉及运气。具体到行业领域，我认为医疗健康，特别是精准医疗，以及在线教育、远程办公、电商平台、线上娱乐、人工智能、数字经济、新科技的国产替代等领域将会大有作为。

第二，新科技的国产替代。在科技方面，中国并没有达到和美国并驾齐驱的水平。前两天我与美国知名投资人张璐探讨的时候，她提出了一个非常重要的观点，即任何的创新周期，无论在中国还是美国，都会经历 3 个阶段。第一阶段是基础技术创新，第二阶段是新技术应用创新，第三阶段是商业模式创新。她认为中国和美国现在处于不同创新周期的不同阶段，中国可能在 2017 年才开始进入美国上一轮创新周期，即互联网创新的商业模式创新阶段的尾声。因此，大家看到中国出现了各种各样的商业模式创新，但是美国已经在 2014 年就经历了这个创新周期。2014 年，美国已经经历了商业模式创新的"瓶颈"期，为什么商业模式创新会有"瓶颈"期？因为商业模式创新是一个分"蛋糕"的过程，当很多人分一个"蛋糕"的时候，"蛋糕"就不够分了，这时人们就需要进入下一轮创新周期的基础技术创新阶段来制作一个新的"蛋糕"，才可以推动新的市场机会的发展。如果没有基础技术创新和新技术应用创新，就无法做到商业模式创新。中国之前很多商业模式和技术依托于国外的新技术应用和基础技术创新，如果中间的纽带断了，中国势必要从头开始自己进行基础技术创新和新技术应用创新，这个过程能否完全靠自主创新来实现，对中国来说是一个巨大的挑战。

目前，中国和美国的冲突加剧，中国不能像以前一样和美国通过合作交流进行新技术的开发和研究，这意味着中国需要闭环去实现新技术应用甚至基础技术、商业模式的创新。尽管新科技的国产替代还没达到先进水平，但是中国必须独立自主、自力更生。我相信中国政府在这个领域会给相关机构、企业大量的资金支持和政策扶持。

第三，行业重整。一方面，我认为新冠疫情促使新一轮经济危机开始，因此，经济不太可能在新冠疫情结束之后马上反弹，经济反弹需要新冠疫情结束后 12 ~ 18 个月甚至更长时间的现金流准备，大家要做好心理预期，以应对这个经济周期的出现。而能够挺过这个经济周期的企业将成为大赢家。这意味着"危"对于真正有实力、有准备的企业是一个非常大的机遇。

另一方面，新冠疫情对于投资人而言也是一个新的选择机会。过去投资人都偏好于投资一级市场，但是二级市场股价大幅下降后对于投资而言恰是投资标的的价值重估机会，从这个角度来看，二级市场可能会获得更多被投资的机会。但是，股市有风险，投资美国股市及其他衍生品到底是机会还是挑战，恐怕没人能下定论。

经济周期是不可逆的。经济周期的一些硬性参数，无论是人口架构还是经济杠杆等，我们都无法通过短期的政策调整或者资本投入改变。但每当人类陷入经济危机的时候，只有一件事情的发生可以帮助我们快速地脱离困境，那就是科技创新。尤其是经济危机的存在会推动工业界和企业界快速应用新技术，这样才能快速推动社会提高生产效率，从而快速进入下一个创新周期。

从过去到现在，包括新冠疫情期间，科技创新是一个国家走出经济危机的不二法门。目前，我认为无论是科技界人士还是政治家、经济学家都逐渐关注到了这一点。

第四，抓住机会。我早期在企业一直担任高级管理人员，后来到大学任教。在进行实践和理论研究的过程中，我认为回顾历史，也许会让我们对当下多一些信心。如 1997 年的亚洲金融危机，2000 年的互联网泡沫，2001 年的"9·11 恐怖袭击事件"，2003 年的 SARS 和 2008 年的金融危机，我们仔细回想一下，当时这些事件发生的时候我们是不是觉得很焦虑，但现在回头看，这些事件对于我们可能只是过眼云烟。另外，我们思考一下，是不是每一次事件都孕育着新的机遇。从危机事件中，个人和企业可以获得成长，国家会获得进步。当今世界的主题是"和平与发展"，人类文明发展到今天，人类向往和平是主流，虽然目前大国之间的博弈存在很多不和谐的声音，但大国之间终究较量的还是智慧而不是蛮力。

回顾中国历史，中国改革开放 40 多年来实现崛起的机会是什么？第一个机会是 1979 年中美建交，第二个机会是 2001 年中国加入世界贸易组织（WTO），中国融入世界，世界拥抱中国。在这个过程中，中国的跃迁有其充分必要条件，就是充分融入全球化的分工与市场。新冠疫情之下，无论是"去中国化"的声音还是"去全球化"的声音，我认为都是不可取的。中国一定要继续坚持全球化的视野。我注意到中国一直在开放、主动地寻求全球化，我认为这一点非常正确。

前不久，我与北京的几位"70 后""80 后"交流，其中有一位先后在民间智库"王志纲工作室"和国家智库中国国际经济交流中心的国经咨询有限公司工作过，目前正在工业互联网领域的科技公司担任高级管理人员，也是我撰写的《众筹学》一书的联合作者。他就是吴鹏，出生于 1983 年。2020 年 3 月，他听了我关于"后全球化"的演讲后，提出用"新全球化"代替"后全球化"的说法更合适。我今天采用"新全球化"的说法，我认为这是更有希望的说法。世界无论发展到什么阶段，无论多么令人不安，我们回顾历史，包括回顾自身的经历，其实每一次危机中，我们都会觉得黑暗来临，但事实上世界总是以自己的方式坚定地前行着。"新全球化"是我对当下和未来的愿望，我相信也是绝大多数人的愿望。

最后，我想送给大家一句话，这是我一直特别信奉的一句话——光明时不要忘记黑暗时的恐惧，黑暗时也不要忘记光明时看到的东西！对于每个人，在光明时不要认为自己有多优秀，要记住黑暗时经历了什么；面对黑暗的时候也不要忘记在光明的时候遇到的美丽风景、取得的傲人成就。

希望世界变得越来越美好，我们必将最终战胜新冠疫情，走出阴霾，创造新的世界。

文字整理：张楠、胡毓哲

第四讲

新型冠状病毒肺炎疫情下的
世界创意产业发展

主讲人：约翰·霍金斯

主讲人简介

　　约翰·霍金斯，英国著名经济学家，"世界创意产业之父"，联合国开发计划署创意经济顾问委员会委员，克莱蒙研究大学彼得·德鲁克学院"大师驻留计划"的国际经济学大师，英国视像顾问委员会副主席，英国电影和电视艺术协会会员。最早提出"创意经济"概念，1997 年协助布莱尔政府制定文化创意产业发展相关政策，带动全球掀起创意经济的浪潮。2001 年，出版《创意经济》。《阿德尔菲宪章》的总召集人，英国创意产业及知识产权顾问领域的著名企业 BOP 集团的前主席及创始人之一。曾为 30 多个国家的政府及多个国际组织和跨国企业提供创意经济咨询。国际版权、媒体和娱乐业研究领域的领军人物，曾为澳大利亚、加拿大、中国、法国、英国和美国等几十个国家的政府和企业提供相关咨询。2008 年，在中国成立约翰·霍金斯创意生态实验室。2015 年，作为威廉王子访华代表团成员访问中国。

　　大家好，我是约翰·霍金斯，今天和大家分享的主题是"新型冠状病毒肺炎疫情下的世界创意产业发展"。我主要分以下 3 部分来讲。第一部分是新型冠状病毒肺炎疫情（以下简称新冠疫情）对我们的生活、工作以及各国的经济造成的巨大冲击。第二部分聚焦新冠疫情在各国肆虐，人们被迫居家办公，这对办公地点和办公方式产生了什么影响，长远来说这意味着什么。第三部分讲述居家办公给当下和未来带来的机遇。

一、新冠疫情对全球造成的冲击

　　首先，我从新冠疫情对全球造成的冲击讲起。

（一）生活方式的改变

　　新冠疫情极大地改变了我们的生活方式。这种改变发生得很突然，并且已经持续了很长一段时间。全球主要经济体国家都要求人们离开原来的工作场所，进行居家隔离，只是每个国家、城市、乡村实施这个措施的具体方式和时间不同。大家公认居家隔离是在这个特定阶段每个人不得不做的事情。这无疑会造成供应链的崩溃，因为人们去不了办公室，去不了工厂，去不了商场，不能做很多以前常做的事情。

（二）需求萎缩

　　新冠疫情暴发后，人们的消费需求发生了极大萎缩，人们只能待在家里，不能出去消费，也不再购买部分以前常买的商品。2020 年 4 月美国时装设计师协会公布的数据显示，2020 年 2—4 月，美国时装产业利润下降了 90%。人们大幅减少购买时装，这非常令人震惊。

（三）供应链崩溃

供应链在过去的几年里发展得越来越高效，但现在也受到了新冠疫情的冲击。有时只是某一个环节出了问题，某一个环节的某一个人不能完成预期的任务，就会导致整个供应链的崩溃。供应链确实很有效率，但同样也很脆弱。

（四）质疑一切

新冠疫情期间，大家都待在家里，可能会开始反思一切，包括反思自己的生活方式，反思自己希望拥有怎样的生活。新冠疫情不仅影响了人们对健康、医疗的态度，也影响了人们对生活、家庭、朋友的态度以及对外出和居家的态度。美国精神分析协会主席克里·苏尔科维奇教授说过一句话："我们正身处两场流行暴发的夹缝中，一场是病毒大流行，另一场是焦虑大流行。"

（五）三大威胁

我认为目前存在三大威胁。一是新型冠状病毒肺炎对人的健康的威胁，这使我们感到恐慌，并对新冠疫情保持关注。二是新冠疫情造成的封锁和病毒的神秘性等因素对人们的幸福感，心理和情绪健康造成的威胁。三是新冠疫情对就业、商业、经济造成的威胁。这场危机可能会持续 6 ~ 12 个月，甚至 18 个月，只有研制出疫苗，新冠疫情才可能真正过去。我们相信这场危机一定会解除，但新冠疫情对人们的幸福感的影响会持续更久，新冠疫情对就业、商业和经济的影响也会持续一段时间。部分英国人认为，部分产业可能要花 2 ~ 3 年，甚至 4 年的时间才能恢复到新冠疫情前的水平，如航空业。伦敦希斯罗机场首席执行官约翰·霍兰在英国发生新冠疫情后预测，希斯罗机场的旅客周转量在未来 4 年内都不会恢复到 2019 年的水平。大家逐渐意识到，很多产业，以及商业、经济情况都不可能在短期内恢复到原来的水平了。

（六）新冠疫情对世界创意产业发展的影响

创意产业其实是一个以人为本、以创意为中心的产业。人们可以自主产生初步创意，但需要依靠他人进一步发展、推进这个创意直至成型，最后投入市场。合作能产生创意。人们表达需求、购买创意的前提是人要聚集在一起，这需要不同规模的人群聚集；需要人们去电影院看电影，去听音乐会；需要人们和他人分享自己的经历。但现在这样做都是不被允许的。即使国家解除了对城市的封锁令，很多人也不愿意出门了，出门旅行在目前也存在很多困难。新冠疫情暴发前世界处于高接触经济阶段，现在要过渡到低接触经济阶段。

从事创意经济的企业主要是小型企业，55% 的英国创意企业没有现金存款。这些企业规模比较小，它们通过正常运作产生收益，以支付员工薪资和办公场所的租金。当前，英国 90% 的影视、话剧等领域的艺术工作者无法展开工作，因为现阶段政府不允许他们工作。

（七）新冠疫情对全球产能的影响

我做了全球创意产业的总产能的预测工作，这是一项艰巨的任务。21 世纪以来，时装产业每年的核心产能（即制作时装、生产面料的部门，不是销售部门）的同比增长都在 6% 左右。每个产业产能的年增长率各不相同，如科技产业和汽车产业产能的年增长率会更高。21 世纪以来，全球产能的年增长率稳定在 6% 左右。我在 2019 年年底时预测，截至 2020 年 1 月底，全球产能将达到 6.2 万亿美元，但 2 个月后（3 月底）全球产能反而下降了 20%，萎缩到大约 5 万亿美元。我认为未来全球产能不但回不到 6.2 万亿美元，还会继续下降。

二、居家办公：迸发创意

目前，我和大家一样都在居家办公。我坐在家里与大家进行交流，所有的工作都在家里进行。如果需要与人沟通，我会选择打电话或者使用 ZOOM 网络视频会议软件。除此之外，现在我没有其他与人沟通的方式。据说，有人一天在线时长达 8 ~ 10 小时，我一天大概在线 2 个小时。目前，很多国家还在实行封城措施，我们现在经历的是迄今规模最大的居家办公，人类历史上从未实行过这样的措施。人类以前经历过严重的世界大流行病，有的瘟疫造成了全球大规模的人口死亡，如中世纪欧洲发生的一次瘟疫就曾造成欧洲 20% ~ 30% 的人口死亡。当前，政府依法限制人们外出工作且限制规模之大是前所未有的。

人们往往并不是独自在家工作的，而是和家庭成员在一起，可能还要教育孩子。有的人的工作环境还不错，但有的人却没有很好的工作环境。

在这部分，我会讲到 4 个方面。第一，我会讲到人，人迸发创意，是创意之源。第二，我将从企业角度出发，讲人与企业的关系。第三，我会讲如何看待新冠疫情对办公环境的影响。第四，我会简要地谈谈互联网对办公的影响。

（一）人

我们知道，只有一部分人能够居家办公，不少人仍需要外出工作。我对可以居家办公的群体是非常感兴趣的。这个群体大多从事脑力劳动，依靠头脑和想象力工作。他们可以在线工作，无须与他人一起工作，也无须与他人共处一个空间。他们可以独立完成大部分工作，实现独立产出。如果研究这类人群，我们会发现他们往往符合这些标准——能够从事脑力劳动，能够从事线上工作，能对工作负责，属于受过大学本科及以上教育的高收入人群。

如果采用这些标准进行统计，我们会发现美国高收入群体中有 80% 的人居家办公，而美国低收入群体中只有 1% 的人居家办公。当然，很多刚参加工作的大学毕业生，虽然受过高等教育，但是赚钱不多，他们也可以居家办公。他们虽然大多不如有工作经验的人的收入高，但他们能够赚钱，并建立起自己的人际关系网络。居家办公推动了"隐形工作"的发展。

1. "隐形工作"

我认为"隐形工作"具有私密性、认知性、主观性、开放性和可移动性等特点。"隐形工作"允许我们充分发挥想象力，并且这种工作高度依赖个人的想法和判断，因此，非常容易受个人因素影响，具有高度私密性和主观性。在从事"隐形工作"时，人们的想法不是一成不变的，人们需要一直进行自我修正，因此，"隐形工作"需要人们运用思维能力、想象力、记忆力以及情感影响力。"隐形工作"中存在很多感觉信息，但具体行为和工作步骤由认知驱动。这些感觉信息是观念性的，即使其是基于事实的，但是在"隐形工作"中人们对事实的观念才是最重要的。人们以合适的方式，在合适的时间对合适的对象陈述某些事实，并就这些事实说明自己的看法，各人见解可以不同，这种陈述是开放的。人们有了想法之后提出想法，其他人听了这些想法后可能记住了，也可能没记住，但这些想法不会消失，它们永远存在。人们在某天可能对某件事得出一个结论，但第二天再思考这件事的时候，人们可能对其又有了新想法，因此，这个过程在一定程度上来说是永无止境的。一个项目达到了客户要求，可以算完成了，但关于项目的创意、想法会一直存在。

"隐形工作"还有一个特点，即可移动性。人们可以在任何地方产生创意。有人研究过人们在哪里才能产生最佳创意。我写过一本书叫《创意生态》，书中提到，一半的创意是在办公室外产生的，主要是在家里。在办公室得到创意的人，也就是坐在办公桌前盯着电脑屏幕得到创意的人只占25%，这说明办公室不是产生创意的最佳场所。人们可能在任何地方产生想法，只要这个想法是好的，从哪里、哪种文化中得到这个想法并不重要。

2. 自我管理、掌握主动权

没有人要求我们掌握主动权，没有人指导我们掌握主动权，但我们自己往往想掌握主动权。我认为掌握主动权主要包括3个方面。首先，承担责任，有自我管理的意识。我们必须先管理自身才能管理其他人，管理人员有时会忽视这一点，有时会在还没掌握自我管理能力的时候就试图管理其他人。因此，我们一定要管理自身。其次，我们一定要为组织进行管理，我们所做的一切都是为了某个组织——某个团队、小组、机构或企业。最后，我们必须要顾及社会利益。从一定意义上来说，如果每个人都以自我利益为中心，长远来说是行不通的。不少人在居家隔离，其中很多人能在家办公。他们在家能完成工作的基础也是自我管理。

3. 我的工作是什么

人们可能会思考：我在家里，不再去办公室了，那我现在真正的工作是什么？我如何与其他同事交流？以往他们就坐在我旁边，我们随时可以交流，但现在我们无法随时交流了。居家办公这种工作方式很特别，能不能再特别一点呢？现在有没有更好的方式让居家办公更高效，给企业创造更大的价值，让我的工作变得更有趣？

这引发了人们关于自己真正想做什么的问题。我现在做的事情是自己真正想做的吗？这个提问的过程会帮人们打开通往创意的大门，打开思路，进一步思考做某件事的更优解，即如何让它更具有创意、更有趣并达到预期的效果。如果我们做到了这些，自然就可能引发人们的关注和兴趣，初创企业就是这样成型的。这并不是新的趋势，而是现有趋势的加速发展。

4. 权力发生转移

新冠疫情使权力从企业转移到个人，人们开始思考个人价值，并把这种关注贯彻到从战略到运营的各个层面。目前，一些高级管理人员不再注重战略，因为战略在动荡时期是"奢侈品"。他们现在关注的是运营，关注的是现在做的是什么以及如何立刻改变现状。

（二）企业

1. 企业对员工的态度

目前，企业都在重新思考对员工的态度，这不是新现象。自 2010 年以来，英国自主创业人数的增长速度是受雇就业人数的 10 倍。2020 年 3 月英国数字、文化、媒体和体育部的预测数据显示，未来 5 年自主创业人数的增长速度会是受雇就业人数增长速度的 12 倍。数据还显示，约 95% 的创意企业是小企业，其全职员工不足 5 人，40% 以上的从业人员是创业者。这里再次强调，新冠疫情并没有引发新的趋势，它只是加速了已经存在的趋势，帮助我们在极端环境下生存下去。

2. 企业需要"及时雨型"员工

新冠疫情推动的一大趋势是企业对于"及时雨型"员工的需求。在新冠疫情发生之前，一些大型机构倾向于雇佣各类可能满足企业某种需要的员工，如生产工人、办公室职员、后勤保障服务人员。虽然不同的国家、不同类型的企业的具体要求不相同，但共同点也很多。现在的情况是很多企业正在缩小规模，更希望雇佣它们真正需要的、每天都能为它们所用的员工，我称这类员工为"及时雨型"员工。"及时雨型"员工会在企业需要他们时及时出现，完成分内工作，做出相应的贡献；当他们完成当下的工作后，可能为下一位客户服务，也可能继续为第一位客户服务。这有点类似于工厂利用物流调配零件的做法。这种做法起源于 20 世纪 70 年代的日本汽车工业，采用这种做法的企业的物流效率极高。拥有"及时雨型"生产线的企业，当生产过程的某道特定工序突然需要某个特定零件时，这个零件能及时配送到位，企业无须提前储备，这大大缩减了仓储运营成本，这是一种重要的创新。后来这种做法被广泛应用到汽车以外的行业，如电影业。好莱坞电影片尾的演职人员表上列了很多人的名字，但这些人基本上不是全职制作这部电影的，甚至包括在电影制作中投入时间最多的导演，在拍某部电影的过程中可能也在忙别的事情，在片场的时间可能只有 8 ~ 10 周，最多 12 周。通常完成一整部好莱坞电影要花 2 年的时间，但演职人员都只是短暂参与一部分工作，运用自己的创意、专业知识之后就离开剧组。这是已存在的趋势，新冠疫情则加速了这种趋势。

（三）办公场所

企业和工作模式的这种变化同样影响了办公场所。

现在的企业在各个方面都寻求灵活性，包括规模的灵活性，不想把自己固定在某个特定的办公楼内；还有成本的灵活性，如果遇到经营困难，企业就会削减成本。许多企业不想拥有并管理办公楼，而是想缩小规模并将精力投入到擅长的核心业务中，而管理办公楼并不属于企业的核心业务。

管理办公楼不会给企业带来利润，不少超大规模的办公楼开始缩减办公面积，很多办公楼不再只有一家企业。说起办公楼，尤其是科技办公楼，我们自然会想到美国苹果公司的飞船总部大楼和腾讯科技（深圳）有限公司的滨海大厦，这类办公楼无论从规模还是从类型上来说都属于"超级办公楼"，但如果您的企业不是一家成功的科技巨头型企业，那么这种做法并不值得效仿。即使在整个美国、中国，这类企业也是屈指可数的。美国亚马逊公司也没有这样的办公楼。

"超级办公楼"不是企业办公场所未来发展的典范。办公楼未来的趋势是具有高度灵活性的小型办公空间，很可能是共享办公空间，因为这类办公空间在办公空间和成本上灵活性很高。美国众创空间公司 WeWork 的最新数据显示，《财富》公布的世界 500 强企业中，一半以上的企业在共享办公空间办公。由于城市交通部门对人们在城市如何流动做了大量研究，我们能了解到关于城市工作人群的流动信息。借助各种应用程序，包括谷歌的数据平台和其他网络平台，我们能够精确地掌握人们的出行轨迹。我们不必为了上班而一天都待在办公室。2018—2019 年伦敦交通局和英国国家统计局的调查显示，伦敦只有 10% 的人还保持着每天待在办公室办公的工作方式。大部分人很少去办公室，他们会出去参加会议，暂时回到办公室，然后去咖啡厅之类的场所办公。人们现在把整座城市当作办公空间，办公室成了偶尔去的地方。现在"第三空间"越来越流行，它既不指家里也不指办公室，而指除两者之外的过渡空间。我想起一个例子，在新冠疫情暴发之前，我去了一家苹果线下商店，与店里的工作人员交谈后，我发现那家店没有内部会议室。即便是拥有"超级办公楼"——飞船总部大楼的苹果公司，也逐渐开始认为设置会议室或任何内部办公空间是一种浪费。员工被允许去咖啡厅办公，如果咖啡厅环境不好还可以去公园办公。正如大家所知，苹果公司备用资金充足，但其认为没必要设置内部办公空间，并正在不断降低此类空间的比例。苹果公司选择让员工去"第三空间"办公，苹果公司无须为"第三空间"付费，也无须与其管理方建立联系。

（四）数据和线上

产生上述变化的背景是互联网和大数据的发展。很多人在面临这场严峻疫情的时候，逐渐意识到想要了解新型冠状病毒，数据和数据模型很重要。政府机构都在努力应对新冠疫情，很多技术人员在处理数据，这些技术人员知道如何分析数据和数据模型。英国政府可能没有很多有这种能力的技术人员，但是分析数据和数据模型仍然是当下必须要做的事。另外，显然在工作方面，包括从开会到运营等，我们都越来越依赖互联网。

再强调一遍，上述 4 点都不是新趋势，它们是在新冠疫情暴发之前就存在的，但在目前得到了加速发展。

三、机遇

当下出现的机遇可能有成千上万。这里，我重点讲因新冠疫情对医疗健康、人的幸福感和商业造成的冲击而带来的新机遇。

（一）再现经典活力

我们在伦敦就能明显发现的一个机遇是再现经典活力。

在近期封城期间，英国有句话很流行："想象一个没有文化的世界（Imagine a world without culture）"。在新冠疫情期间，英国没有产生太多新的文化，文化发展受到威胁。因此，创意产业界就出现了"想象一个没有文化的世界"这样的担心。为应对这一危机，不少机构开始行动，尽可能地唤醒经典作品的活力。其中，英国国家剧院就大获成功。该剧院位于泰晤士河南岸，上演过多部话剧，其中一部话剧叫《一仆二主》。其主演是詹姆斯·柯登，这是他的第一部重要作品，出演这部话剧使他奠定了英国顶级演员和最幽默演员的地位，如今他已成为英国和美国家喻户晓的明星。《一仆二主》在伦敦反响很大，之后成功进军百老汇，仅用了 4 年时间就吸引了 50 万人次观看。新冠疫情期间，这部作品在网络平台上线，一周内在 YouTube 视频网站上的点击量达到了 100 万人次。YouTube 视频网站和线下剧场是不一样的，YouTube 视频网站免费播放这部话剧，观众可以自愿"打赏"。这部话剧上线了一周，之后英国国家剧院每周都会在网上播出一部新话剧。

（二）巨大的新市场

目前存在的一个重要机遇是"巨大的新市场"。过去，创意创新在医疗健康和教育等领域影响不大，这几个领域产生创意创新的能力都极为薄弱、不稳定。在这几个领域中，医疗健康领域的创意创新能力稍强一些。

1. 医疗健康领域

医疗健康领域的创新总是倾向于制造昂贵、复杂的专业设备，而忽视了患者的情感需求。因此，我们面临一个巨大的机遇——利用我们的创意创新人才来改善这种情况，毕竟患者的感受和体验也是医疗健康领域应该关注的重点。

例如，很多医院非常拥挤，环境不好。但英国的切尔西和威斯敏斯特医院就与众不同。这家医院位于伦敦，大约有 20 年历史。院长詹姆斯·斯科特在医院内部布置了各种装饰。医院大概有 1400 件艺术品，包括不少16—17 世纪的杰作，以及顶级艺术家向医院赠送的作品。这些装饰和艺术品不但令人赏心悦目，还起到了提高临床效果的作用。这家医院的员工离职率低于英国平均水平，而患者的康复速度高于英国平均水平。值得注意的是，无论患者是否喜欢这些艺术品，最终这些艺术品对患者康复速度的提高效果都是显著的，因为患者的情感得到正向刺激，这是患者康复速度加快的原因之一。需要长期治疗的患者，如在医院治疗癌症的患者，其幸福感也会因这些装饰和艺术品而提升。

2. 教育领域

教育、医疗健康、军事是英国政府投入最大的 3 个领域。英国在教育领域的商业模式在 2010 年后没有发生过变化，整体而言，该领域近百年基本没发生改变，包括教师的招聘形式等，这个领域蕴藏着巨大的市场机遇。中国教育在创意创新方面遥遥领先，包括在线教育和以工作室为主要平台的创新模式等。

3. 当地社区艺术文化市场

当地社区艺术文化市场主要涉及社区的艺术活动。社区的艺术活动强调多样性，强调人人皆可参与、人人应该参与。社区的艺术活动不限制参与者的地域、年龄、民族，包容性非常强。我曾参与组织过这方面的一个长期项目，那个项目每年花 50 万英镑来鼓励在校学生参与艺术活动，其目标是希望所有学生都能够开阔眼界，并参与艺术活动。目前有很多与社区艺术活动相关的开放平台。例如，我最近听说了一家叫 Steam 的企业，它是一个非营利性的公益平台，免费向公众开放。这个企业有很多"及时雨型"的员工踊跃参与工作，虽然企业没有资金去雇佣太多专职员工，但很多志愿者愿意无偿参与部分工作。这家企业的气氛很活跃，志愿者的参与度很高。这家企业发展得非常快。这类企业的规模能有多大？英国国家统计局 2020 年 4 月公布的数据显示，英国慈善机构创造的社会价值高达 2000 亿英镑。

4. "新冠一代"

第四个市场机遇我称之为"新冠一代"。"新冠"指的是新型冠状病毒肺炎，而"新冠一代"指的是 2019—2025 年毕业的年轻人，因为新冠疫情是影响这代人学习、就业的关键因素，这代人的学习和考试往往都会受到新冠疫情的影响。我们不能遗忘、忽略他们，不能让他们成为"迷失的一代"。他们可能是未来帮助我们走出困境的希望。他们创意丰富，对待家庭和朋友有很多具有个性的看法，只要给他们机会和足够的支持，让他们感受到自己对未来的责任，他们就是未来的创新之源。新冠疫情对"新冠一代"就业的影响极大，他们很难找到工作，尤其是第一次找工作的毕业生。我们一定不能忽视这代人，而应该把他们看成未来的希望。

当新冠疫情过后，一切都会改变，这不只是年轻人的想法，而是几乎所有人的想法。新冠疫情结束后，医疗健康水平、人的幸福感、办公空间及商业的变化会重塑伦敦。城市解除封锁后，我们不会再回到以前的状态，未来我们可能会拥有不一样的生活方式。

总的来说，创意经济对未来的影响是，由于新冠疫情，很多人不得不居家办公，还有一部分人失去了工作或找不到工作。人们会逐渐意识到自我管理、承担责任、掌控自己的想法的重要性，并发展创意、实践创意；人们将在想象力中抓住创意，勇于实践，做好自我管理，不等待他人赋予自己责任，而是主动承担责任，并积极寻找适合自己的工作，思考能把工作做得更好的方式。

我们同样期待艺术家、创意人士给我们指明未来发展的道路，不管是以怎样的方式，如以写小说，开发新应用平台，画画，创作话剧、电影、电视剧等方式帮助我们向前看。艺术家、创意人士这么做不仅是为了帮大家度过危机，更是为了帮大家充分利用这段时间，得到关于未来生活方式的启发。有位艺术家叫裴迪·阿提诺，他是一位很有才华的艺术经理人，来自菲律宾马尼拉，经营5家企业。他问我，如果马尼拉封城了，这段时间应该做什么。我说："如果你有时间，不如认真思考一下我们未来应该如何生活。这是艺术家的使命，是文化产业从业者的使命。我们现在有足够的时间来思考我们还可以把握哪些机遇。"

翻译：张海燕

译文校对：陈叙、刘畅

文字整理：刘畅

第五讲

在常态化新冠疫情防控中力促
中国经济向好发展

主讲人：范恒山

主讲人简介

范恒山，著名经济学家，经济学博士，高级经济师，教授，博士生导师。先后毕业于武汉大学、中国人民大学。曾任国务院经济体制改革办公室综合司司长，国家发展和改革委员会综合改革司司长、地区经济司司长，国家发展和改革委员会副秘书长。任多个省、市政府经济顾问，多所著名大学兼职教授，出版学术著作30多部，发表论文数百篇，部分著作获国家图书奖等重要奖项。多次参与中共中央全会文件、中央经济工作会议文件和国务院政府工作报告的起草，主持了众多重要区域发展战略、发展改革政策文件的研究制定工作。

新型冠状病毒肺炎疫情（以下简称新冠疫情）的暴发和持续蔓延，使人类面临第二次世界大战以来最严重的全球公共卫生危机，也给我国与世界经济的发展带来了前所未有的冲击。新冠疫情加大了我国经济发展的困难、风险和不确定性。为了维持社会稳定和促进经济发展，国家陆续采取了一系列应对举措，以期在十分严峻的环境下摆脱困境，战胜新冠疫情和其他各种风险，把损失和危害降到最低程度，促进中国经济向好发展。我将围绕以下4点对此展开论述。

一、中国经济发展面临前所未有的挑战

受国际、国内形势发生复杂变化的影响，过去许多年，中国经济一直在应对各种困难与风险中开拓进取、砥砺前行。新冠疫情把中国经济推向了困难的顶点，中国经济发展面临前所未有的挑战。我们要清醒地认识当前的形势，准确把握促进中国经济向好发展的方向与路径。

（一）突发新冠疫情把中国经济的困难推向了顶点

2010年以后，我国经济的增长速度一直呈下滑趋势，除了2017年有所反弹外，其他年份经济增长速度都是下降的，2011年的增长速度为9.6%，到2019年已下降至6.1%。基于对经济发展规律的认识，受经济基数的不断增大、资源供给的充分度不断降低、科技创新的难度不断上升等因素的影响，经济增长阶段性的下行是必然的，但中国经济近年的下行速度似乎过快，已经接近合理区间的边缘。这种下行有合理因素的作用，也有不合理因素的影响。

从合理的角度看，为了切实解决主要依靠增加资源要素供给甚至不惜破坏生态环境而追求经济高速增长的问题，推动中国经济由高速增长转向高质量发展，近些年国家大力推进了供给侧结构性改革，实施了"三去一降一补"的具体政策举措。这些努力促进了中国经济结构的明显改善和经济质量的加快提升，同时也使经济增长从高速转向中高速。从不合理的角度看，中国经济下行速度过快，其原因既包括国际单边主义、贸易保护主义等的严重干扰，也包括国内的官僚主义、形式主义等的影响。面对经济进入新常态和供给侧结构性改革的新环境，一些经营者出现思想犹豫和行为迟滞，也成为经济下行的一个助推因素。

鉴于上述情况，中央要求稳定经济增长。在提出了"六稳"即稳就业、稳金融、稳外贸、稳外资、稳投资、稳预期的基础上，2019 年年底召开的中央经济工作会议特别强调要在多重目标中寻求动态平衡；要稳字当头，保持经济在合理的区间运行，确保经济实现量的合理增长和质的稳步提升。为了稳定经济增长，中央经济工作会议提出了一系列重要政策举措。这些举措的针对性和可操作性都很强，力度也比较大，如果能够全面落实，则 2020 年的经济增长速度应该能保持在 6% 左右的水平。

2020 年新冠疫情不期而至，打乱了中国稳定经济增长的战略部署。但面对来势汹汹的新冠疫情，中国做出了及时而正确的反应。经过上上下下的共同努力，中国在不到两个月的时间内就基本上实现了对新冠疫情的遏制，从 2 月下旬就开始着手推动复工复产。按照这样的态势向前推进，中国因为新冠疫情造成的经济损失可以在较短的时期内得到弥补，2020 年的经济增长仍然能保持较高的水平。

但是，某些欧美国家的大意和应对不力，导致本可以被有效遏制的新冠疫情在全世界迅速蔓延且愈演愈烈。这使得中国必须针对新冠疫情继续采取有力措施，外防输入、内防反弹。中国必须树立长期作战的思维，在未来一个时期，至少在 2020 年全年都要把新冠疫情的防控作为一项重点工作，即把新冠疫情防控常态化。

这就是中国需要面对的现实。面对不断蔓延且危害极大的新冠疫情，西方国家和中国应该团结起来，积极抗疫。但是有些国家文过饰非，不检讨自己抗疫不力的问题还拼命推卸责任，不仅不专心抗疫，反而借新冠疫情肆虐之机，采取一系列措施围堵中国。在新冠疫情的冲击下，这些围堵措施加剧了中国经济运行的困难和发展的不确定性。

综上所述，新冠疫情的突然暴发，对原本已面临较大下行压力的中国经济来说无疑是雪上加霜。而新冠疫情期间某些国家采取的围堵中国经济的举措，又进一步增加了中国经济的运行风险。

2020 年第一季度，中国经济增长速度下滑至 −6.8%，这是 1992 年我国采用国民账户核算体系公布季度增长数据以来的最低值。除了经济增长速度大幅下滑以外，在就业、脱贫攻坚、中小企业生存发展等方面也暴露出一些问题，新冠疫情还带来了市场物流、人流、资金流等不畅通的问题，进而带来了经济社会运转不畅的问题。可以说，突发新冠疫情把中国经济的困难推向了顶点。

（二）当前促进经济向好发展应秉持的基本原则

当前和今后一个时期，中国会面对新冠疫情防控和促进经济社会发展的双重任务。鉴于此，促进国家经济向好发展必须秉持一些重要的原则。

也就是说，面对日益严峻的国际形势和必须解决的一些现实问题，推动中国经济尽可能实现向好发展，必须遵循客观规律要求、坚持从实际出发，确立并秉持一些基本原则。概括起来主要有以下4个方面。

第一，必须统筹新冠疫情防控和经济社会发展。目前，新冠疫情蔓延速度较快，在世界范围内并没有得到有效遏制，新冠疫情发生的源头还没有找到，预防新型冠状病毒肺炎的疫苗研制虽然有较大进展，但是还没有取得最后的成功。新冠疫情的表现形式还呈现出一些不可预测的状况，如新型冠状病毒肺炎确诊感染者中有人有症状而有人无症状，还有人甚至不清楚被感染的原因；新冠疫情是否还会出现第二波、第三波，现在也很难确定；新型冠状病毒能否完全被消灭，目前也没有定论。因此，外防输入、内防反弹是中国2020年需要坚守的目标。在此情况下，要推动经济发展，就必须把新冠疫情防控和经济社会发展统筹好，使之有机结合起来。关键是在防控新冠疫情的前提下要千方百计地实现人流、物流、资金流、信息流等的畅通，加快推动各类市场复营复市、各类企业特别是中小微企业全面复工复产、生活服务业正常经营，不失时机地畅通产业循环、市场循环、经济社会循环。

第二，必须立足于激发内需潜力。其原因如下。一是新冠疫情导致国际包括交通在内的各种通道无法实现畅通，国际经济贸易活动难以正常开展。二是某些国家借新冠疫情之机竭力遏制中国的发展，除了宣扬"中国威胁论"和与中国"脱钩"的思想言论，把新冠疫情暴发的责任推卸给中国之外，还肆无忌惮地采取了一些危害中国的举措。在这种环境下，中国难以顺畅地推进国际合作交流、拓展国际经济关系，这就迫使中国必须把眼光主要转向国内，把着力点放在开拓国内市场和内部需求上。当然，只要有可能，中国仍会积极地拓展外部市场，大力推动对外经济联系，充分利用好国内、国外两个市场、两种资源，着力构建国内、国际双循环相互促进的新发展格局。

第三，必须坚持保基本和稳大盘相衔接。应清醒地认识新冠疫情等因素带来的巨大困难、风险和不确定性，坚持底线思维，把困难和问题想充分、想复杂、想严重。为此，必须确保最基本的方面不受影响，特别是确保那些关系人民和社会基本利益的方面不能出丝毫问题。在提出"六稳"的基础上，2020 年 4 月 17 日召开的中央政治局会议又提出了"六保"，即保居民就业、保基本民生、保市场主体、保粮食能源安全、保产业链供应链稳定、保基层运转，这是基于底线思维做出的重大战略安排。但要做到"六保"，还需尽力推动经济社会加快发展和持续发展。没有一定速度和高质量的经济发展，很多问题会暴露出来并难以解决，"六保"也就缺乏坚实的保障。我们要力争把损失降到最低，要力争 2020 年能够取得一个相对较好的发展水平。

第四，必须以超常规的力度和精细度来做好各项工作。基于新冠疫情的特殊危害性和经济社会形势的复杂性，我们在常态化新冠疫情防控中促进经济社会发展，在视野上要更开阔，方法上要更灵活，用力上要更充分。要树立辩证思维，准确地把握不同阶段的主要矛盾，以做到统筹兼顾，突出重点；要审时度势，从实际出发，实行灵活机动的战略和战术；要注重总结评估，步步为营，切实巩固已经取得的成果，及时解决暴露出来的问题，还要以"人一之我十之，人十之我百之"的精神攻坚克难，把工作做实、做细、做好。

二、中国具有在常态化新冠疫情防控中促进经济向好发展的优越条件

在新冠疫情持续蔓延的情况下，世界经济形势进一步恶化，多方普遍预测 2020 年世界经济将陷入衰退。中国经济已经深度融入世界经济之中，不可避免地会受到影响。虽然处于同样的背景下，但中国有许多其他国家不具备的优越条件，而这些优越条件使我们能够在常态化新冠疫情防控中努力促进国家经济向好发展。我国主要具有以下 4 个优越条件。

（一）较为完整的产业体系和超大规模的内需市场是促进中国经济向好发展的重要经济条件

在经济全球化深入发展和我国自觉实行大力度、深层次的对外开放的双重因素作用下，中国经济的外向度不断提高。外部环境越好越有利于中国经济的发展；由于中国经济在世界经济中具有重要分量，中国经济发展得越好就越有利于世界经济的发展。但中国经济外向度的提高并不意味着外部依赖性的大幅增强，更不意味着离开了外部，中国经济就会停滞、衰退。

依靠自身的特殊条件，中国经济能够形成通畅且不断升级的供需循环，并以此实现经济的向好发展。一方面，中国具有世界上最完整的产业体系，是全世界唯一拥有联合国产业分类中所列全部工业门类的国家。中国制造业规模稳居世界第一，说明中国经济的内在产业互补程度高、自我配套能力强，这就为供给侧的拓展提供了保障。另一方面，中国具有超大规模的消费市场。2019 年，中国的社会消费品零售总额已经超过了 40 万亿元，这为需求侧的拓展提供了空间。因此，在供给和需求方面，中国都具有巨

大的发展潜力。只要利用有利的经济条件来推进供需循环发展、扩大国内需求，中国就能够化解各种风险挑战，并对冲世界经济下行的压力。

（二）强大的组织动员和资源聚合能力、高效的群众响应机制、愈挫愈勇的民族奋斗精神等是促进中国经济向好发展的重要政治与社会条件

强大的组织动员和资源聚合能力、高效的群众响应机制、愈挫愈勇的民族奋斗精神等，在中国抗击新冠疫情期间已经体现得非常充分，并且与其他许多国家形成鲜明对照。强大的组织动员能力使全国上下一心，紧密团结，资源、人员、技术等迅速聚合、协同发力，效果迅速显现。广大人民群众以大局为重，积极响应各级政府的号召，密切配合、主动参与到新冠疫情防控之中。中国不仅抗疫工作做得非常扎实，并且在新冠疫情防控和复工复产之间的对接与转换方面也做得迅速、有序，这使得中国在很短的时间里不仅有效遏制住了国内新冠疫情的蔓延，而且基本上全面实现了复工复产。这一过程鲜明体现了中华民族坚韧不拔、迎难而上的精神，彰显了中华民族绝地奋起、背水一战的勇气和斗志。中国人民付出的艰苦卓绝的努力，不仅大大减少了新冠疫情带来的直接损失，也为促进经济向好发展赢得了时间。

（三）相对超前的数字技术以及现代化生产经营模式成为促进经济向好发展的有力支撑

在新冠疫情环境下，以人员直接聚集为特点的生产经营活动受到了严格的限制，但依托互联网等技术在线上开展的经济活动却具有广大的空间。数字经济展现出强大的抗冲击能力和发展的韧劲，这与中国数字经济产业规模巨大、信息化基础设施建设处于世界前列，以及在人工智能、5G等前

沿领域处于领先地位有着密切关系。正因为有了良好的信息化基础设施、丰富的数字技术应用场景条件，在新冠疫情防控期间，在线服务、网络经济、电子商务、智能生产、无人配送等迅速发展，一定程度上弥补了传统生产经营活动缩减所带来的损失。2020 年 1—4 月，我国线上销售规模迅速增长，成了经济下行状态下的一个突出亮点。

（四）促进 2020 年经济向好发展在时间上仍然具有一定的回旋余地

虽然经济下滑严重，但中国 2020 年第一季度的国内生产总值（GDP）在全年所占的比重相对较小。随着复工复产力度的不断增大，以及疫情之后通常会出现的投资与消费爆发式反弹增长等因素，如果在第一季度就能把新冠疫情有力地控制住，那么中国第一季度的经济损失可以弥补回来。当然，世界新冠疫情出人意料地迅速蔓延，中国仍需严格防控新冠疫情，但总体上看，中国的复工复产已从 2020 年 2 月下旬逐步展开，这与国外的情况有明显的不同。事实上中国经济发展的许多指标在 3 月就开始出现好转，并在 4 月进一步好转，虽然一些指标仍呈负增长，但幅度明显收窄。不出意外，我认为中国 2020 年第二季度 GDP 增长应该会由负转正。退一步说，中国 2020 年第二季度 GDP 即使不能由负转正，负增长的幅度也会大大降低，而从现有发展势头看，由负转正应无问题。这个势头保持下去，2020 年全年应该能保持正增长的态势，乐观估计，增长 2% 以上是有可能的。[1]总之，事在人为。充分发挥中国具有的特殊有利条件，迎难而上、奋勇开拓，中国能够最大限度地减少新冠疫情带来的损失，实现经济社会的向好发展。我们对此应充满信心。

---

[1]根据国家统计局数据：2020 年第二季度 GDP 同比增长 3.2%。

三、在常态化新冠疫情防控中促进经济向好发展应当实施的重点举措

怎样才能促进中国经济向好发展？当前和未来应该采取怎样的举措？2019 年年底召开的中央经济工作会议对中国 2020 年稳增长、促发展做出了全面的部署。2020 年以来，针对新冠疫情，中央又陆续出台了一系列政策举措，统筹推进新冠疫情防控和经济社会发展工作。在 2020 年 5 月下旬召开的第十三届全国人民代表大会第三次会议上，国务院政府工作报告进一步针对新冠疫情防控以及新冠疫情防控下的经济社会向好发展做出了全面的安排，提出了多项务实的举措。如果把这些举措落实到位，中国就能够变压力为动力，转被动为主动，化困难为机遇，在促进生产、生活秩序全面恢复的基础上，推动并实现 2020 年经济向好发展。为达此目标，要紧扣扩大内需的要求，特别重视并切实抓好以下 7 个方面的工作。

（一）实现脱贫攻坚的全面收官

决战决胜脱贫攻坚是 2020 年的刚性任务，事关重大，关系全面建成小康社会的目标的如期实现，关系"十三五"规划圆满收官，具有很高的社会关注度和很强的目标象征性。经过持续努力，按现行标准测算的中国农村贫困人口到 2019 年年底已经减至 551 万人，加上近些年虽然已经脱贫但基础不够稳固、返贫风险比较大的约 500 万人，2020 年大约还有 1000 万的贫困人口需要稳定脱贫。这一任务并不轻松，而新冠疫情的发生又进一步加大了这项工作的难度。面对这个硬任务，必须高度重视，秉持特别的精神、采取特别的措施、运用特别的力量，千方百计完成这项任务。在当前，应优先帮助贫困劳动力有序返岗就业，支持扶贫龙头企业加快复工复产，

组织好贫困地区的产销对接，促进扶贫产业恢复生产和实现持续发展等。与此同时，还应进一步强化工作推进机制，确保扶贫攻坚的工作力度与脱贫质量。

（二）加快重大工程项目建设

重大工程项目建设直接体现为国家经济社会发展的成果，是稳定经济增长的重要支撑，因此，加快重大工程项目的建设对促进中国经济向好发展十分重要。一方面，要在认真梳理、逐项把关的基础上，按时保质地完成"十三五"规划提出的各项建设任务；另一方面，要结合补短板、强弱项，继续谋划建设一批服务于国家重大战略和满足人民美好生活需要的重大项目，包括一些沿江、沿边的交通要道和跨区域的重大基础设施建设。

（三）一体发展"新基建"和"老基建"

"老基建"也称传统基础设施建设，包括铁路、公路、机场、水利、能源、管道等基础设施建设；"新基建"主要包括 5G 基建、特高压、大数据中心、人工智能、工业互联网、城际高速铁路和城市轨道交通、新能源汽车充电桩七大领域，涉及信息基础设施、融合基础设施和创新基础设施三个方面。"新基建"具有优化经济结构、激活发展动能、提升发展质量、推动关键核心技术创新等多方面的作用，是稳投资、稳增长的重要手段，体现出巨大的经济发展能量。据赛迪智库电子信息研究所发布的《"新基建"发展白皮书》预测，到 2025 年七大领域的"新基建"直接投资将超过 10 万亿元，带动的投资累计或将超过 17 万亿元。其实，实际的投资额将比所预测的数额更大。无论是基于眼前还是未来，我们都应该把"新基建"放到重要的位置。在"新基建"方面，应当是"能走多快就走多快"；同时，要继续搞好"老基建"。一方面是为了补短板，就促进区域协调发展和推动经济社会全面发展需要而言，"老基建"既存在结构优化问题，也存在整体提升问题；另一方面是为了"建支撑"，"老基建"是"新基建"的载体，推进"新基建"就必须强化"老基建"，在"老基建"方面，应当"需要建多少就建多少"。应当指出的是，如今"新基建"和"老基建"已经不能截然分开，因为"老基建"不可能停留在传统的水平之上，不再是简单的钢筋水泥混合，而是与现代科技，或者说不断创新的科技紧密结合，因此，它在一定程度上也体现了"新基建"的特征。而某些"新基建"其实是为发展中的"老基建"提供技术支撑的，脱离了"老基建"这个载体，这些"新基建"也很难"建功立业"。一体式推动"新基建"与"老基建"将会为中国经济加快发展、持续发展提供巨大的动能。

（四）着力推动产业基础高级化和产业链现代化

中国的产业链虽然比较完整，但高级化、现代化的程度不足，关键核心技术的支撑能力不强。推进产业基础高级化和产业链现代化既是建立现代化经济体系的需要，又是促进经济向好发展的需要，产业链的提升是拓展中国内需市场、应对外部风险的关键举措，意味着庞大经济发展能量的创造。中央对此高度重视，近年来在许多重要会议上多次做出部署，2020年又做出了新的安排，特别强调要实施产业基础再造和产业链提升工程，巩固传统产业优势，强化优势产业的领先地位，抓紧布局战略性新兴产业和未来产业。

推动产业基础高级化和产业链现代化，特别要做好"三个结合"。一是与应对国际供应链断裂风险相结合。国际上有人积极推动与中国"脱钩"，对中国而言，国际供应链的一些环节的确存在着断裂的风险。但无论是否"脱钩",提升和完善相关产业链都是我们应当做好的事情,在这个问题上我们要保持清醒的头脑和理性的选择。我们应通过努力,重塑当前已经断裂和未来有可能断裂的产业链环节,而对于那些过度依赖国外的环节也应抓紧进行替代。二是与现代化经济体系、产业体系建设相结合。要通过体制改革和科技创新,加速产业与新技术的融合,实现传统产业的转型升级,加快发展新动能。三是与关键核心技术的攻坚相结合。应以制造业为重点,以核心基础零部件和元器件、先进基础工艺、关键基础材料、产业技术基础"四基"为方向,加快形成自主创新能力。只要攻克了"四基"相关难题,产业链就能顺利地实现现代化,而产业基础也必然会走向高级化。

(五)推动城乡区域协调发展

我国城乡间的发展差距很大,区域间的发展很不平衡。近年来分化进一步加剧,部分地区经济增长速度下滑过快。城乡区域协调发展不仅关系社会安定,也直接影响发展质量,而缩小城乡区域差距带来的经济成效既直接又显著,每一个措施的实施都能够带来巨大的发展能量。促使经济向好发展,必须继续大力推动城乡区域协调发展。

在促进城乡协调发展方面,要立足于全面消除二元结构,大力推动城乡资源要素自由平等交换,加快形成保障农民与市民拥有同等发展机会和均等享受基本公共服务权利的制度体系;要通过推进农村的相关改革,促进城市优势生产资源进入农村、服务农村;要通过推进城镇基本公共服务对常住人口的全覆盖,加速推动农村人口向城镇转移,并实现农业转移人口市民化。

在促进区域协调发展方面,要进一步实施行之有效的分类指导政策,并进一步细化政策指导的空间单元。同时，要把分"板块"区域的指导与分类型区域的指导有机结合。另外，要特别重视加强欠发达地区的国家重大战略支撑和数字基础设施支撑。重大战略对区域的发展起重要的作用，因此，国家对欠发达地区提供重大战略支撑能发挥集成效应和杠杆作用；数字基础设施有利于超越现有地理环境和发展基础，实现全方位资源整合，对于加快欠发达地区发展至关重要。

（六）大力拓展多元消费

消费是最终需求。消费状况体现着人民生活水平和国家发展质量，消费是推动经济发展的持久动力。近年来，消费已经成为我国经济增长的第一支撑力量。据国家统计局公布的数据，中国 2019 年最终消费支出对经济增长的贡献率已经达到 57.8%，因此，在常态化新冠疫情防控下推动经济向好发展，应该特别注重促进消费增长，要以提升产品质量为基础，采取改善居民收入状况、优化消费环境、创新消费载体、转型消费方式等多种举措，进一步激发公众消费能力和潜力。同时，应结合促进国家治理现代化、强化国家治理能力以推动公共服务体系建设，合理增加公共消费。我国出境旅游人数多，在外消费数额庞大，要采取有力措施，促进出境消费回流。

（七）积极开拓大众经济

亿万人民参与和推动的大众经济是经济发展的活力所在，也是经济增长的重要源泉。只有大众参与，经济的韧性才会强劲、创新能量才会充足、经济运行才可持续。大众经济不仅是保障基本民生的"底盘经济"，而且是维护社会平稳运行的"平安经济"，还能成为汇聚各种智慧的创新经济。大众经济的门槛低、领域广、形式多，要进一步采取积极措施，通过降低门槛、优化服务、改善管理，推动大众经济蓬勃有序发展。

四、不断强化常态化新冠疫情防控中促进经济向好发展的支撑体系

良好的支撑体系是抓实抓好各项工作任务的有力保障，应着眼于及时化解突出矛盾、积极对接发展需求、充分激发各方面的能动性与创造性，强化常态化新冠疫情防控中促进经济向好发展的支撑体系。以下 3 个方面特别重要。

（一）努力提高经济调节水平

要着眼于最大限度地对冲新冠疫情带来的影响和推动经济稳定运行，不断优化经济调节的重点、力度和方式。考虑到在新冠疫情环境下发展经济的重要性和艰难性，当前实施经济调节的站位应该更高、眼光应该更远、方式应该更活。要在追求"宽松"状态中实现有序发展，通过减轻负担来促进经济增长。要进一步强化调控政策的协调性，使财政、货币、产业、区域、就业等政策协调联动，同向发力。2020 年的政府工作报告提出了许多有利于抗疫以及在抗疫环境下支撑经济社会发展的重要政策。例如，2020 年的政府工作报告提出在财政政策方面，2020 年赤字率拟按 3.6% 以上安排，财政赤字规模比 2019 年增加 1 万亿元，同时发行 1 万亿元抗疫特别国债；在货币政策方面，要综合运用降准降息、再贷款等手段，引导广义货币的供应量和社会融资规模增速明显高于 2019 年。另外，2020 年的政府工作报告提出继续执行下调增值税税率和企业养老保险费率等制度，新增减税降费约 5000 亿元，加上其他减负措施，预计全年为企业新增减负

超过 2.5 万亿元；继续扩大有效投资，拟安排地方政府专项债券 3.75 万亿元，比 2019 年增加 1.6 万亿元；中央预算内投资安排 6000 亿元，重点解决"两新一重"的问题，即支持"新基建"、新型城镇化建设和重大工程项目建设。

努力提高经济调节水平，要特别重视稳住"两端"，即运用强有力的政策工具和及时精准的调节，一端帮助中小微企业渡过难关，帮助人民群众开展多种形式的经济活动；一端促进核心骨干企业正常运行，推动具有支撑作用的优势产业和先进产业加快发展。

（二）进一步优化营商环境

营商环境决定市场活力和社会创造力，关系投资经营主体的活跃度与创造性，也决定资源要素的聚集度和创新性，因而直接关系经济的发展。近年来，我国在持续推进营商环境建设方面取得了重大进展，但仍然存在不少问题，优化空间依然广阔。常态化新冠疫情防控下推动国家经济向好发展，需要继续优化营商环境。做好这方面的文章，要把公平、公正对待各类市场主体作为下一步工作的基本方向和关键内容，着眼于寻求制度建设的公正性、政策指导的稳定性和政府管理的透明度，改革体制机制、创新方式方法。在具体操作上，要把"抓小"和"抓大"有机结合起来，一方面，着力于社会关注的重点和"久治不愈"的难点进行攻坚，在解决具体问题的同时也增强社会的透明度和人民群众的获得感；另一方面，以具体工作为牵引，由浅入深地推进深层体制机制创新，并通过法律法规对好的做法加以巩固，以达到釜底抽薪、稳基固盘的目的。

（三）强化干部作为担当

在常态化新冠疫情防控中促进经济向好发展，需要更好地发挥政府的作用，而更好地发挥政府的作用在很大程度上依赖于干部的积极有为和勇于担当。政治路线确定之后，干部就是决定的因素。近些年，经济下行过快的一个不合理因素就在于官僚主义、形式主义在某些地方抬头，在于部分干部的不作为与消极作为。面对新冠疫情防控的严峻形势、面对化解经济困局的艰巨任务，必须通过强有力的举措，推动各级干部开拓创新、奋勇争先。关键是要深化改革，进一步建立健全公正、公平的选人用人的机制，把思想高远、勇于担当，肯干事、能干成事的干部配备在重要位置和关键岗位上，并以实干识人，注重在新冠疫情防控与经济社会发展统筹过程中考察、识别和使用干部。与此同时，切实建立有效的激励机制和合理的容错机制，为有德有才，敢闯、敢干、敢负责任的忠勇之士排除后顾之忧；相应建立淘汰机制，将那些得过且过、明哲保身、消极作为的人员排除出局。

文字整理：徐丞雅、李宇航

第六讲

日本的新型冠状病毒肺炎疫情应对举措及中日科技合作展望

主讲人：冲村宪树

主讲人简介

冲村宪树，日本科学技术振兴机构（JST）前理事长，日本科学技术振兴机构中国研究与樱花科技中心首席研究员。长期致力中日科技合作，积极推动和举办了中日间多层次的交流活动，如"中日大学展暨中日大学论坛"及中日间多个高峰论坛。"中日青少年科技交流计划"（"樱花科技计划"的组成部分）的发起人，该计划自2014年实施至今，极大地促进了两国的民间交流，并获得中日两国政府的好评。曾获得日本国家公务员最高奖——"瑞宝重光奖章"。2015年获得中华人民共和国国际科学技术合作奖及中国政府友谊奖，是同一年里唯一一位获得这两项奖的外国专家。2018年被中国评为"改革开放40周年最具影响力的外国专家"之一。

2020 年 1 月下旬，新型冠状病毒肺炎疫情（以下简称新冠疫情）暴发。对于在新冠疫情中失去生命的人，我表示深切哀悼。另外，中国政府与中国人民团结一致，通过实施及时、合理的应对措施，在很短的时间内取得了显著的抗疫效果，我内心也深感敬佩。中国政府与人民在国内新冠疫情得到基本控制之后，第一时间向日本捐赠了大量的口罩等抗疫物资，物资上的寄语也温暖人心。我代表日本国民向中国政府与人民表示由衷的感谢。

以下主要介绍日本面对新冠疫情的应对举措以及对中日科技合作的展望。

一、日本新冠疫情现状

（一）日本新型冠状病毒肺炎累计确诊感染人数

2020 年 1 月 16 日，日本报告了第一例新型冠状病毒肺炎（以下简称新冠肺炎）确诊感染病例。日本最初的新冠肺炎确诊感染人数的增长率非常低，但从 3 月 25 日开始，日本的新冠肺炎确诊感染人数急剧增加。截至 5 月 30 日，日本新冠肺炎累计确诊感染人数达 16887 人。4 月 7 日，日本政府宣布 7 个都府县进入紧急状态，当日日本新冠肺炎累计确诊感染人数为 4341 人。但此后新增新冠肺炎确诊感染人数并没有减少的趋势。于是，4 月 16 日日本政府宣布紧急状态的范围扩展至全国，随后日本政府又采取一系列应对新冠疫情的举措，这些举措取得了显著成效，使新冠疫情逐步得到了控制。5 月 25 日，日本政府宣布全国解除紧急状态。

（二）日本新冠肺炎单日新增确诊感染人数

从 2020 年 3 月 25 日开始，日本新冠肺炎单日新增确诊感染人数急剧增加，4 月 11 日新增确诊感染人数为 719 人，达到了单日新增确诊感染人数的峰值。随后，日本新冠肺炎单日新增确诊感染人数开始逐渐减少，5 月 25 日日本政府宣布解除全国的紧急状态，单日新增确诊感染人数降至 21 人。

（三）日本新冠肺炎确诊感染者的性别、年龄分布情况

表 1 显示的是截至 2020 年 4 月 17 日日本新冠肺炎确诊感染者的性别、年龄分布情况。统计结果显示：日本的新冠肺炎确诊感染者中，20 ~ 59 岁的男性以及 20 ~ 29 岁的女性居多。

表 1　日本新冠肺炎确诊感染者的性别、年龄分布

单位：人/万人

年龄段	男性	女性
10 岁以下	13	12
10 ~ 19 岁	18	22
20 ~ 29 岁	129	134
30 ~ 39 岁	128	87
40 ~ 49 岁	120	62
50 ~ 59 岁	132	81
60 ~ 69 岁	94	50
70 ~ 79 岁	69	44
80 ~ 89 岁	76	51
90 岁以上	83	69

（四）日本各年龄段的新冠肺炎确诊感染者中病死人数与危重症人数

图 1 显示的是截至 2020 年 5 月 30 日，日本各年龄段的新冠肺炎确诊感染者中病死人数和危重症人数。数据显示，尽管日本年轻确诊感染者人数多（表 1），但是病死人数很少；而 60 岁以上确诊感染者中病死人数、危重症人数较多。对日本高龄人群而言，新冠肺炎是极危险的传染病。

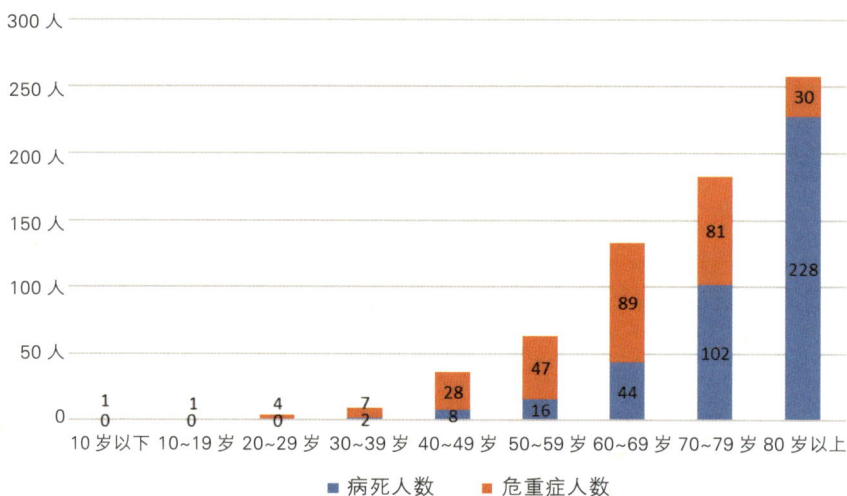

图 1　日本各年龄段的新冠肺炎确诊感染者中病死人数与危重症人数

（五）日本主要地区新冠肺炎确诊感染人数

图 2 呈现了截至 2020 年 5 月 30 日日本主要地区新冠肺炎确诊感染人数。从图中可以看出，新冠肺炎确诊感染者主要集中在以东京为中心的首都圈、以爱知县为中心的中京圈，以及以大阪和京都为中心的近畿圈。此外，北海道的新冠肺炎确诊感染人数也比较多，其他地区相对较少。

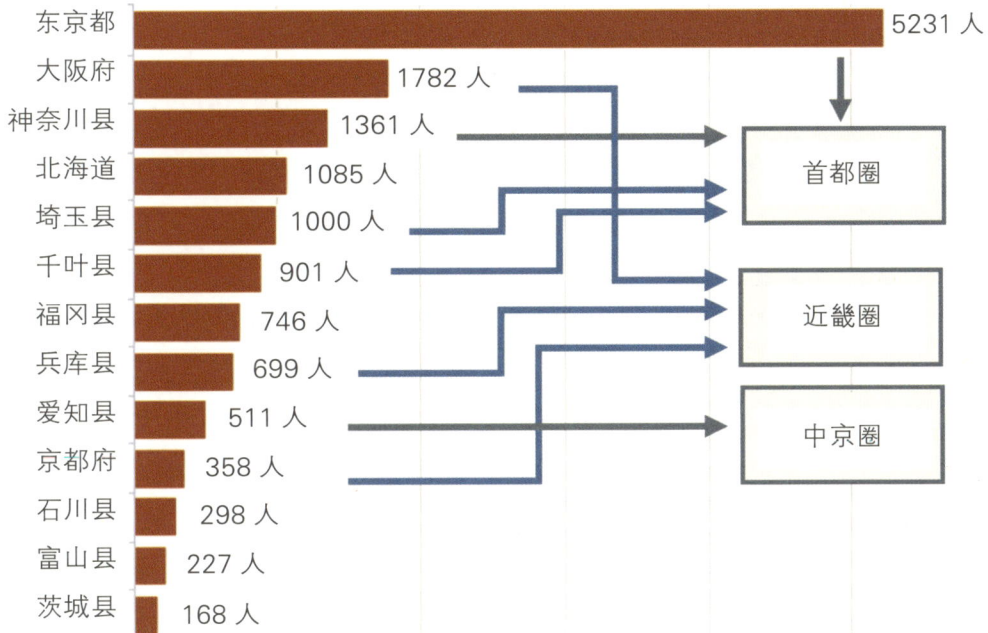

图2　日本主要地区新冠肺炎确诊感染人数

二、日本的新冠疫情应对举措

面对重大传染病疫情，一国需要短期在全国范围内动员大量的人员、调动大量物资，调整各产业部门优先生产的产品或提供的服务，在必要时还将对个人、企业或团体的行为进行限制，都必须有相应的法律作为依据。另外，要保证"全国一盘棋"，需要有一个有效的组织体系，该体系包括核心决策机构、为核心决策机构提供科学决策依据的专业智库、具体的执行部门、相关的机构，以及以上主体之间的互动机制。这部分将阐述日本针对新冠疫情采取的主要应对措施。

（一）日本应对新冠疫情的法律基础

早在 1897 年日本就颁布了传染病预防法。之后随着传染病不断出现，这部法律也逐渐得以修改、完善。2008 年为应对禽流感，日本政府对传染病预防法进行了全面修改。2012 年为应对新型流感，日本政府颁布了《新型流感等对策特别措施法》。为应对新冠疫情，2020 年 3 月日本政府修改了《新型流感等对策特别措施法》，之后日本政府基于这部法律实施了抗疫措施。

《新型流感等对策特别措施法》的主要内容是整顿防疫体制，要求政府进行抗疫制度的建设。《新型流感等对策特别措施法》中第一条是抗疫行动计划的制订。首先，国家以及地方公共团体需制订各自的抗疫行动计划并部署抗疫物资战略储备工作，同时，还要向国民普及相关知识。其次，政府要事先指定医院、公共交通和能源等公共机构制订抗疫行动计划。第二条，日本政府有权对公民权利进行限制，但是必须遵循限制最小化原则。第三条，一旦发生疫情，日本各级政府应设立对策本部，对策本部是各级政府抗击疫情的指挥中心，负责具体应对辖区的疫情防控工作。对策本部也负责为工作人员实施预防性接种。根据该法，在出现重大疫情时，日本政府有权宣布进入紧急状态。国家进入紧急状态后，政府会采取的措施如下。一是号召人们"外出自肃"，即号召人们避免外出，但该号召并无强制约束力。二是要求限制娱乐场所营业活动和各种文娱活动。三是对国民实施预防接种，并确保日本医疗体系正常运行。此外，政府还有权要求相关企业运输紧急抗疫物资等。

依据《新型流感等对策特别措施法》，日本政府可采取的措施还包括要求感染者必须接受住院治疗，动用公共财政支付感染者的医疗费用，直接从医生处获得感染者的信息，出现感染者时可以进行传染病流行病学调查等。

（二）日本新冠疫情对策基本方针

2020 年 2 月 25 日，日本新冠疫情对策本部公布了《新冠疫情对策基本方针》，指出防止出现聚集性感染是抗疫工作中的重中之重，要最大限度地抑制感染人数的增加速度，以及为应对国内感染人数大幅增加的形势，形成以危重症感染者为中心的医疗体制。

日本采取以防止出现聚集性感染为主的防治措施出于以下原因。第一，日本原计划于 2020 年举办第 32 届夏季奥林匹克运动会和第 16 届夏季残疾人奥林匹克运动会，考虑到接待外国游客，日本没有在新冠疫情暴发初期落实有效的防止境外输入的措施。第二，日本的核酸检测能力很弱，远不能与中国相比。因此，核酸检测无法全面开展。第三，日本可以收治新冠肺炎感染者的病床数十分有限，一旦疫情失控就会导致医疗系统的崩溃。第四，日本没有充足的场地和设施对新冠肺炎轻症感染者实施隔离，法律上无法强制轻症感染者接受住院隔离治疗。因此，日本只能通过追踪确诊感染者的密切接触者以及防止聚集性感染的出现达到控制感染人数的目的。

（三）日本抗击新冠疫情指挥系统

抗疫工作需要"全国一盘棋"，统一、高效的全国抗疫指挥系统是抗疫工作的组织保障。在日本抗击新冠疫情的指挥系统（图 3）中，核心部门是内阁府设立的新冠疫情对策本部，由日本首相直接领导，各大臣是新冠疫情对策本部的成员。新冠疫情对策本部下设专家委员会，主要在决策层面为新冠疫情对策本部提供科学的建议。国家层面的抗疫工作主要由内阁府下属的厚生劳动省负责执行，厚生劳动省内设聚集性感染对策班，在执行层面上为厚生劳动省提供科学建议。另外，日本相关各省厅（部委）、地方政府、医师会、医疗机构、相关企业、学会等也都是抗疫主力，各部门、各行业携手同心、共同落实抗疫举措。

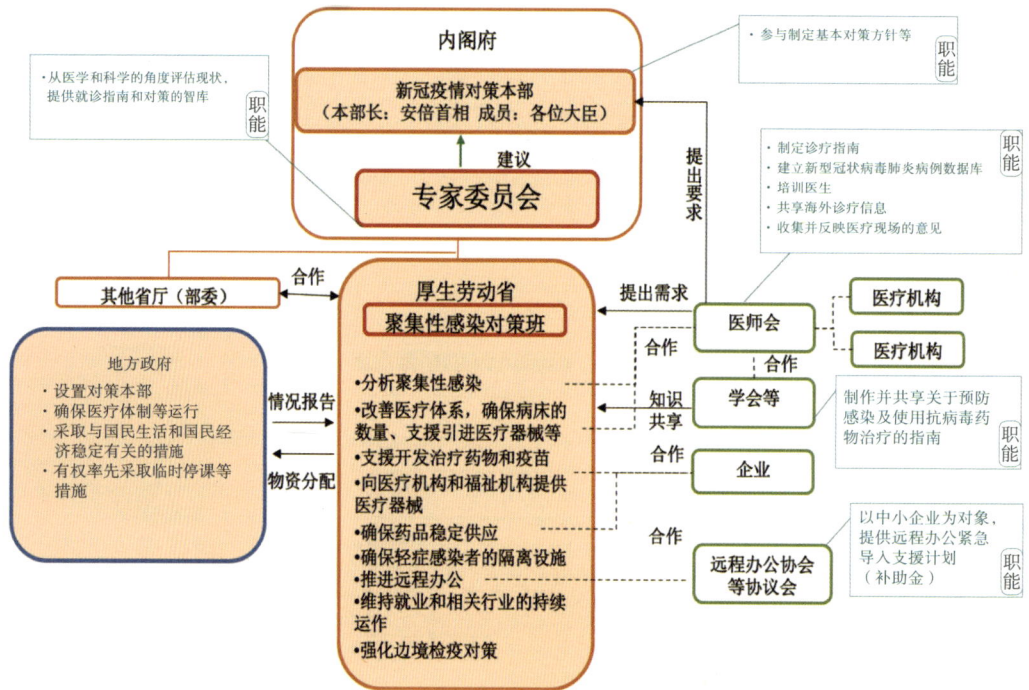

图3　日本抗击新冠疫情指挥系统

在日本抗击新冠疫情的过程中，以下两个部门对日本政府提出精准的应对措施发挥了极其重要的作用。

1. 专家委员会

专家委员会下设于内阁府新冠疫情对策本部，其成员均是公共卫生领域的顶尖专家。

主　席	胁田隆字	国立传染病研究所所长
副主席	尾身茂	独立行政法人地域医疗功能推进机构理事长
成　员	冈部信彦	川崎市健康安全研究所所长
	押谷仁	东北大学研究生院医学系研究科微生物领域教授
	釜萢敏	公益社团法人日本医师会常任理事
	河冈义裕	东京大学医科学研究所传染病国际研究中心主任
	川名明彦	防卫医科大学内科研究室（传染病 / 呼吸科）教授
	铃木基	国立传染病研究所传染病学中心主任
	馆田一博	东邦大学微生物与传染病学讲座教授
	Nakayama Hitomi	霞关综合律师事务所律师
	武藤香织	东京大学医科学研究所公共政策研究领域教授
	吉田正树	东京慈惠会医科大学传染病控制科教授

专家委员会于 2020 年 2 月 16 日提出抗击新冠疫情的两大重点核心任务，即控制感染人数的急剧增加与危重症感染者的增加；2 月 19 日提出预防聚集性感染的建议；2 月 24 日提出避免"三密"的概念。这些重要建议的关键点是尽量控制感染人数的增长，为完善医疗体系、提高医疗机构的收治能力争取时间，避免医疗系统发生崩溃，控制感染人数的增长速度，为日本政府抗击新冠疫情发挥了重要的指导作用。

2. 聚集性感染对策班

聚集性感染对策班隶属于厚生劳动省，其成员主要是各大学的呼吸传染专业的专家。在预防聚集性感染的工作中，尽早发现聚集性感染的线索是至关重要的。一旦发生聚集性感染，日本政府就立刻派遣聚集性感染对策班的专业人员追溯传染源、传染路径，积极实施传染病流行病学调查。为防止感染扩散，聚集性感染对策班要求新冠肺炎确诊感染者的密切接触者接受健康观察并避免外出，采取各种可以防止聚集性感染的措施。

（四）日本的特色措施

1. 对易感染人群实施精准定位的"三密"对策

在感染人数激增时期，与很多国家采取的封城措施相比，日本为尽量减少新冠疫情对经济的冲击，采取的是精准定位的战术——"三密"对策。

聚集性感染对策班通过对日本多个聚集性感染的案例进行分析，最终确定"三密"的含义，即空气流通性差的"密闭空间"，人员大量聚集的"密集场所"，以及近距离说话等"密切接触"。容易形成"三密"条件的主要场所包括健身房、音乐展演场所、夜总会等。在抗疫期间，日本政府重点限制上述场所的营业。另外，一些大型活动、中老年人的聚会也容易形成"三密"条件。对此，日本政府号召居民减少外出，以限制聚集性活动。

2. 减少八成的人与人相互接触

由于日本的"三密"对策缺乏强制力，2020年3月30日聚集性感染对策班指出当前社区感染现象较多。为防止社区感染的进一步扩大，聚集性感染对策班的专家指出只有减少全体国民的互相接触，才能降低感染人数急剧增加的风险。聚集性感染对策班成员之一——北海道大学的西浦博教授及其团队基于感染预测模型，发起"减少八成的人与人相互接触"运动。西浦博教授认为，如果能够减少八成的人与人相互接触，日本可以在15天内将新增新冠肺炎确诊感染人数降到100人左右，新冠疫情将会更可控。如果无法达到"减少八成的人与人的相互接触"的目标，新增新冠肺炎确诊感染人数的减少速度就会大大降低。西浦博教授建议政府要尽最大努力达到这个目标。随后，日本政府采纳了西浦博教授的建议，并采取了部分企业的员工居家办公、学校停课、6个行业停业等一系列措施。此外，日本政府还提出国民应做到10项要求，包括尽量通过网络进行日常沟通、每个家庭每天只派一个人外出购物、外出人员戴口罩、尽量选择远程就诊方式等。在政府的倡议下，日本掀起了全民抗疫活动。

（五）地方政府的积极抗疫措施

除了中央政府之外，日本47个都道府县也积极投入抗疫活动中。例如，东京都知事小池百合子在新冠疫情暴发早期就要求东京的学校停课、企业员工错峰出勤，并在都厅前地铁站设红外线测温仪，采取了一系列早于中央政府的抗疫措施。另外，东京的地标建筑东京塔和其他20多座展望塔在夜晚会发出蓝色的灯光，向奋战在抗疫一线的医护人员表示感谢。而大阪府知事吉村洋文采取的一些抗疫措施比东京还早。

年仅39岁的北海道知事铃木直道曾经以东京都公务员的身份被借调到财政破产的北海道夕张市。铃木直道凭借出色的成绩通过竞选成为夕张市市长，后来成功竞选北海道知事。他在新冠疫情暴发早期就宣布学校停课，并先于中央政府宣布北海道进入紧急状态。

地方政府的领导纷纷做出表率，而不少普通公务员也走上闹市街头号召居民避免外出。例如，东京都公务员曾到著名的新宿歌舞伎町呼吁民众

"外出自肃"。一些地方政府还鼓励新冠肺炎轻症感染者居家隔离，并为他们提供 2 周左右的必要生活物资，以保障他们的基本生活。

（六）民间团体、大众媒体配合抗疫

5 月初是紫藤的最佳观赏时节，往年这个时候会有大批游客去公园赏花。而 2020 年为了避免人群聚集，九州的某公园决定剪掉紫藤。日本千叶县是著名的郁金香观赏地，为避免人群聚集，当地公园剪掉了 80 万株郁金香。这些民间团体牺牲了自己的经济利益，为避免人群的聚集做出了贡献。

新冠疫情期间，日本民营企业率先提出居家办公，且居家办公员工的比例逐渐提高。随着"外出自肃"号召的推行，虽然日本的公共交通没有中断，但出行的人很少。此外，公共场所如公园、游乐场等也几乎没有人。日本的柏青哥游戏厅、百货商店、宾馆、会展中心等场所也纷纷关门谢客。

在抗疫过程中，大众媒体起到了积极的作用。日本的报纸、电视台及时报道新冠疫情的最新信息，为号召民众参与"减少八成的人与人相互接触"行动撰写相关报道。日本媒体邀请日本的诺贝尔奖获得者——本庶佑教授、天野浩教授、田中耕一研究员、山中伸弥教授，在屏幕前向国民说明新冠肺炎的严重性，向民众普及相关知识，并号召大家一同抗击新冠疫情。山中伸弥教授还开设了新冠疫情网站，在网站上向政府和公众提出各种建议。

（七）普通市民配合抗疫

日本政府号召国民"减少八成的人与人相互接触"，具体要求之一是外出戴口罩。尽管中国友人为日本捐助了不少口罩，但新冠疫情暴发初期日本仍然极缺乏口罩。因此，普通市民纷纷行动起来。例如，有位女士在网上分享手工制作口罩的方法，还有一位华裔高中生在网上众筹购买口罩的资金，并从中国购买了口罩捐给了本地政府等。

日本国民齐心协力、共同抗疫，最终使日本的新增新冠肺炎确诊感染人数迅速减少，"减少八成的人与人相互接触"行动取得了成功。

2020 年 5 月 25 日，日本的新冠疫情得到了有效控制，日本首相安倍晋三宣布解除全国紧急状态。从感染情况来讲，当时日本单周新增新冠肺炎确诊感染人数低于前一周，最近一周的每 10 万人口新增新冠肺炎确诊感染人数降到 0.5 人以下。医疗资源不足的情况得到缓解，医疗体系可以应对以后感染人数的突增，并且能够及时提供检测服务。

日本的各个行业在新冠疫情中几乎均遭受了巨大的打击，其中遭受打击最严重的是观光旅游业。以往每年都有大量的中国游客来日本观光旅游，而现在中国游客数量几乎为零。日本的宾馆、购物中心、百货商店等销售额大幅缩水，情况不容乐观。2020 年 2—4 月，日本每家航空公司的营业收入都减少了 5000 亿日元（约 327 亿元人民币）左右。三菱综合研究所预测，2020 年日本的国内生产总值（GDP）增长率即使在最乐观的情况下也只有 −4.9%。这无疑预示着日本经济即将走向低迷，国民也开始担心未来的经济形势。另外，日本的失业问题日趋严峻。三菱综合研究所还预测，即使新冠疫情能得到很好的控制，2020 年也将会有 189 万人因新冠疫情而失业。

随着紧急状态的解除，日本政府将着手恢复经济。首相安倍晋三采取了一系列经济刺激措施，并表示，对于商家因响应政府号召配合抗疫而造成的经济损失政府将进行全额补偿。

此外，日本国会通过了第二次财政预算增补方案，日本两次财政预算补充方案共补充 200 万亿日元（约 13 万亿元人民币），相当于日本 2019 年 GDP 的 1/3。这些预算将用于补贴实体企业的租金、补助地方政府等，在救助个人的同时助力复苏经济、增设检测中心、强化医疗体系等。

为了能够早日提振经济，日本政府还颁布了许多补助措施。例如，日本政府向每一名国民发放 10 万日元（约 6590 元人民币）补助，用于暂时缓解国民的经济状况。

另外，日本政府对失业人员的补助提高至每日最高 1.5 万日元（约 959 元人民币）。日本还向中小企业提供补助、向店铺提供店面租金的补助、向困难大学生提供生活补助。大多数日本大学生需要通过打工来支撑自己的生活与学业。新冠疫情期间，日本的大学生无法打工，导致经济困难的大学生人数激增，因此，需要面向这类学生提供补助。经济产业省增加产业链方面的补助金，保证企业能继续供应物资。除中央政府之外，以东京都为代表的各地方政府也相应采取了经济补助措施。

三、日本的科技抗疫

山中伸弥教授认为，日本的抗疫措施在世界范围来看属于强制性比较弱的，但日本的新冠肺炎确诊感染人数的增长速度在世界范围来看比较慢，从某种意义上说，日本成功控制了新冠疫情。那么，日本到底凭借什么控制了新冠疫情呢？山中伸弥教授暂将其原因定义为"X 因子"。"X 因子"可能是以下内容。

✧ 防止聚集性感染的措施取得了很好的效果。

✧ 日本人习惯佩戴口罩以及每天洗澡，这些极严格的卫生习惯发挥了作用。

✧ 日本人没有拥抱、握手以及大声说话的习惯，这种生活文化也可能发挥了作用。

✧ 日本人的基因可能比较特殊。

✧ 日本人从婴儿起就接种卡介苗等疫苗，可能对抑制新型冠状病毒的传播产生了影响。

目前，我们对新型冠状病毒的特性还缺乏足够的了解，人类基因方面还存在很多未解之谜，我们需要在这些方面加强基础研究。日本中央政府以及日本的大学、科研机构已经着手研究新型冠状病毒。

日本医疗研究开发机构（AMED）是内阁府下设的日本最大的医疗类国家科研基金组织，在新冠疫情暴发后，日本医疗研究开发机构设立了多个关于抗疫的科研项目，资助日本的科研院所和企业研发新型冠状病毒的检测试剂、疫苗以及相关医疗器械。表3是日本医疗研究开发机构资助的抗疫科研项目清单。

表3　日本医疗研究开发机构资助的抗疫科研项目清单

资助对象类型	阶段	项目名称	资金规模
共性技术研究	临床试验	亚洲地区临床研究和临床试验网络构筑项目	每个子课题资助5亿～10亿日元/年，最长资助时间为1年
药品	基础研究、应用研究、临床前研究、临床试验	新型冠状病毒肺炎治疗药物的开发项目	企业主导型： ·每个子课题资助3000万～5000万日元 学术界主导型： ·每个子课题资助3000万～5000万日元
药品、疫苗、诊断试剂、医疗器械、共性技术研究	基础研究、应用研究、临床前研究、临床试验	医疗研究开发创新基础创成项目（CICLE）	加强研发条件型、研发型： ·每个子课题资助总额在100亿日元以下 ·最长资助时间为10年 面向实用化开发型： ·每个子课题资助总额在50亿日元以下 ·最长资助时间为10年
医疗器械、共性技术研究	基础研究、应用研究、临床前研究、临床试验	病毒等传染病对策技术开发项目	医疗器械及系统实证研究： ·每个子课题资助2.3亿日元/年 医疗器械及系统改良研究： ·每个子课题资助2.3亿日元/年 医疗器械上市前有效性确认研究： ·每个子课题资助3.8亿日元/年

　　目前，一批科研项目已经获得日本医疗研究开发机构的资助（表4），这些项目的承接单位包括大学、企业和科研机构。

表 4 已经获得日本医疗研究开发机构资助的项目

类型	课题名称	项目承接单位	牵头人
企业主导型	基于气道亲和性仙台病毒载体的新型冠状病毒疫苗的开发	ID Pharma 株式会社	上田泰次
	新型冠状病毒疫苗的开发	盐野义制药株式会社	木山龙一
	新型冠状病毒灭活疫苗的开发	KM Biologics 株式会社	园田宪悟
	靶向新型冠状病毒的疫苗的实用化开发	AnGes 株式会社	山田英
学术界主导型	基于新型冠状病毒遗传知识的分子探针型新型冠状病毒黏膜免疫疫苗的开发	庆应义塾大学	金井隆典
	新型冠状病毒减毒活疫苗的开发	东京大学	河冈义裕
	新型冠状病毒的 mRNA 吸入疫苗的开发	长崎大学	佐佐木均
	基于重组卡介苗 (rBCG) 技术的新型冠状病毒疫苗的开发	新潟大学	松本壮吉
	对新型冠状病毒具有即时性和免疫持续性的重组疫苗进行实用研究，并考虑将该重组疫苗用于泛冠状病毒疫苗	东京都医学综合研究所	安井文彦

研究资金规模：对于企业主导型课题，每个课题的资助总额为 1 亿～20 亿日元，拟资助期间为 2020 年度。对于学术界主导型课题，每个课题的资助总额为 3000 万～2 亿日元，拟资助期间为 2020 年度

此外，日本富士胶卷公司研发的治疗新冠肺炎的药物法匹拉韦受到了国内外的较高评价。日本还将下一代超级计算机"富岳"用于筛选治疗新冠肺炎的新药物，并成功研发出小型新一代便携型体外膜肺氧合设备（ECMO），以及具有自主知识产权的核酸检测试剂盒。在此次抗疫过程中，

日本的企业、大学和科研机构与国外的企业、大学、科研机构进行了跨国、跨领域合作，其中也包括中国的企业。

我所在的日本科学技术振兴机构被誉为日本最具创新能力的机构，多年前孵化的鸵鸟抗体口罩企业在新冠疫情中做出了巨大贡献，同时，日本科学技术振兴机构也资助了新型冠状病毒相关的国际科技合作项目。

自新冠疫情暴发以来，日本得到了中国的诸多支援，我内心十分感激。中国政府、企业、友好团体、大使馆为日本捐助了很多口罩、防护服、消毒液、检测试剂等抗疫物资。另外，中国和日本的大学之间也有很多交流。中国大学以及许多日本赴中国读书的留学归国人员为日本的大学提供了口罩等援助物资。在此我向他们表示由衷的感谢。阿里巴巴（中国）网络技术有限公司的马云先生向日本捐赠了 100 万只口罩。华为技术有限公司日本分公司为藤田医科大学和爱知医科大学分别捐赠了 10 万只口罩。截至目前，共有 28 家中国的大学、机构以及政府部门向日本科学技术振兴机构捐助了口罩。他们也通过电子邮件等各种方式向我们传达了关怀与激励，我非常感谢。

四、中日科技合作现状与展望

日本科学技术振兴机构自 21 世纪以来就致力中日科技交流与合作。日本科学技术振兴机构在北京设有代表处，在总部设有规模较大的中国综合研究交流中心。这两个部门是日本科学技术振兴机构与中国科学技术部、中国教育部、中国科学院、中国国家自然科学基金委员会、中国科学技术协会、中国中央及地方各级政府和大学合作的窗口，开展了多项中日间的交流与合作活动，如日本科学技术振兴机构每年举办的中日大学展暨中日大学论坛、科技行政官员交流项目等。

同时，中国政府也邀请日本的行政人员和青年科技人才前往中国进行交流访问，到目前为止共有 342 名日方行政人员和青年科技人才被邀请到中国参加形式多样的交流活动。

日本科学技术振兴机构的"樱花科技计划"是日本科学技术振兴机构为了让中日科技交流与合作更加紧密而于 2014 年设立的。到目前为止，"樱花科技计划"共资助了超过 1 万名来自中国的大学、科研机构的青年访问日本的大学与科研机构。

长期以来，日本科学技术振兴机构一直致力中日科技交流与合作，但是现在由于新冠疫情的原因，日本科学技术振兴机构的交流业务被迫中断。新冠疫情给世界格局带来了巨大冲击。也正因如此，我们才更加需要国际合作。而且，新型冠状病毒带来了诸多科研难题，要解决这些难题也需要国际合作。我认为在应对新型冠状病毒方面，中国和日本需要联手合作。在新冠疫情结束之后，我希望中国和日本进一步加强科技交流与合作，共同进步，同闯难关！

翻译：周少丹

译文校对：杨宏帅

文字整理：耿楠

第七讲

心安与幸福

主讲人：文东茅

主讲人简介

文东茅，北京大学社会科学部副主任，北京大学教育学院教授，博士生导师，中国教育发展战略学会副会长，曾任北京大学教育学院院长、书记，美国哥伦比亚大学教师学院访问学者。主要研究领域为教育基本理论、教育制度与政策，近年来主要从事基于传统文化的幸福教育研究与实践。

新型冠状病毒肺炎疫情（以下简称新冠疫情）使我们处于一个令人不安的时期。在这个特殊的时期，我们对幸福也有了与以往不同的理解，我们更渴望心安，更加珍惜幸福，也更愿意追求幸福。

回顾往日，我们是如何一路走来的？或者说，我们是如何让自己变得幸福的？反思当下，我们正在做的工作、事业有意义吗？我们感到快乐吗？展望未来，我们将何去何从？我们能不能让自己和家人变得更幸福？

一、人生是否如跳高

对于人生与幸福的思考，我想从自己对跳高的感悟谈起。

我年轻的时候是学校业余田径队的运动员，练的项目是跳高。跳高带给我很多荣誉，我曾经获得过省中专运动会的跳高冠军，当年最高能够跳到 1.8 米。跳高也给了我很多启发，甚至改变了我的命运。在很长的一段时间，我都在想人生是不是像跳高一样。我出生在农村，小时候家庭不富裕，后来考上了中专，这是我实现的人生最重要的"跳跃"之一。在读中专时，因为体质比较差，我就作为学校业余田径队的运动员参加跳高训练，主要为了锻炼身体。我在田径队刻苦地练习，成绩也不断提高。在跳高时，每一次越过横杆都会给我一种成功的喜悦，尤其是在参加运动会时有很多观众围观，他们会为我加油、喝彩，当我一次次地越过横杆，最后获得冠军甚至打破纪录时，那种难以抑制的激动和喜悦实在难以言表，可能只有经历过的人才会真正理解。

如果说人生就像跳高，那么跳高给我的人生带来了什么启发呢？以下是我早年的一些体悟。

第一，人需要艰苦的、长期的学习和训练。人生和跳高一样，人要吃苦耐劳，要努力地、勤奋地工作和学习，而且要用对方法。跳高有跨越式、剪式、俯卧式等多种姿势，而最好的姿势是背跃式。一般情况下，人们采用跨越式、俯卧式是很难跳过自己身高的，但是采用背跃式就更有可能跳过自己的身高。我就是很幸运地学会了背越式跳高并能够跳过自己身高的小部分人之一。

第二，人要敢于直面挑战，不惧怕失败。跳高时，横杆就是摆在参赛者面前的困难和挑战。当横杆到达自己眼睛的高度时，多数人会感到恐惧。面对横杆就是在面对可能的失败和恐惧，毕竟每次试跳都有可能失败，而且在大多数情况下，跳高都是以"失败"告终的，因为即便是冠军也是以挑战一个更高的高度失败而结束比赛的。

第三，人要珍惜机会，不留遗憾。在跳高比赛中，对于同一高度，每位参赛者都有 3 次挑战机会，如果 3 次都无法跳过去就意味着比赛结束了，如果跳过这个高度，则又有 3 次机会挑战新的高度。3 次机会不多也不少，它提醒我们要珍惜每一次机会，每一次都要尽最大努力去跳，做到不留遗憾。所谓不留遗憾，就是即便到了最后，参赛者经过了长时间的比赛，已经很辛苦了，但还是要努力冲击更高的高度。这就是一种不断超越的精神。另外，我还想提一点：在比赛中，一定要感谢对手，对手可以提高参赛者的兴奋水平和竞赛成绩。如果始终是自己一个人跳，参赛者的状态可能会很差。

第四，与跳高成绩的变化情况类似，人生的发展通常像一条抛物线。

我刚开始练跳高时只能跳 1.3 米，然后慢慢地越跳越高，到 20 岁左右，我跳到了自己所能达到的最高高度。我也试图保持自己的运动成绩，但每个人的运动成绩都不可避免地在到达顶点之后就持续下降。我工作后还一直参加单位组织的运动会，我的跳高成绩一直是逐年下降的。我 40 岁时最后一次参加跳高比赛，跳过的高度只有 1.5 米。由此我想到，人生的成就通常也会像跳高成绩一样变化。例如，一名公务员最初是从普通科员做起，然后慢慢升到副科级、科级、副处级、处级，甚至更高的级别，但最后总会退休，慢慢度过能力、成就、影响力不断下降的人生下半场。因此，很多人说人生上半场看谁走得快、爬得高，下半场看谁走得慢、降幅小，或者说，上半场比成就，下半场比健康。但是，如果用"人生是抛物线"这套理论来描述人生，就说明人无论走到多高的高度，最后都要沿着抛物线往下走；无论年轻时多么健康，过了中年以后，身体的各个器官就会像使用很久的汽车一样会出现越来越多的问题。如果说前三点启发让我更积极向上，第四点启发则一度让我非常困惑。

二、幸福在哪里

对人生的思考也促使我进一步反思自己 30 多年来一直从事的教育事业。关于教育与幸福的关系，人们可能会提出以下问题：现在教师是不是很幸福？学生是不是很幸福？是不是拥有更高学历的人更幸福？例如，博士生比硕士生更幸福吗？硕士生比本科生更幸福吗？是不是出身名校的人会更幸福？以我个人的经验和观察，我对上述问题的回答都是否定的。现在的教师和学生并不见得比 10 年、20 年前的教师和学生更幸福，出身名校和拥有高学历的人也不见得更幸福，甚至有时更痛苦，因为名校的学生想的事情很多，想得到的也很多，如果没想通、得不到，必然比其他人更痛苦。人们经常说教师是太阳底下最崇高的职业，但如果教育并没有让人更幸福，那教师又何谈崇高呢？因此，我们需要反思为什么教育没有明显地促进教师和学生的幸福，以及如何才能让教育真正促进教师和学生的幸福。我认为这是一个迫切需要解决的根本性问题，也是我这些年转向幸福教育研究和实践的原因。

中外古圣先贤几乎都认为教育是一项崇高的事业，应该而且能够帮人找到幸福。柏拉图说："教育的首要任务是教给年轻人从正确的事情中寻找乐趣"；亚里士多德说："幸福是生命的意义和使命，是我们的最高目标和方向"；孔子说："学而时习之，不亦说乎？"孔子认为学习是一件快乐的事，孔子的学生大多愿意学习，作为教师孔子也觉得很幸福，因此，孔子还说："学而不厌，诲人不倦。"但是，现在教师群体面临的最大的问题就是职业倦怠。梁漱溟先生曾说："什么是学问？学问是要解决问题的；什么是真正的学问？真正的学问就是能解决自己问题的。"这句话对我启发很大。我希望自己能做些真学问，不仅解决自己人生的困惑，也能更多地增进师生和社会的幸福。于是，我带着这些困惑，开始了对幸福问题的探索。

那么，到底什么是幸福？学术界把幸福观分为两大类：一类是感性主义的幸福观，代表人物有德谟克利特、伊壁鸠鲁和霍布斯等，他们的共同观点是人的幸福在于追求感官的快乐，避免感官的痛苦；另一类是理性主义的幸福观，代表人物有苏格拉底、柏拉图、笛卡尔、康德和黑格尔等，他们的共同观点是幸福必须在理性指导下才能够实现，强调人的精神快乐和理性能力，注重抑制欲望，追求道德完善。后者与中国的儒家思想有些相似。

但这些观点都不能让我满意。幸福就是需求被满足吗？幸福就是肉体或者精神上的快乐吗？或者说幸福就是肉体或者精神上没有痛苦吗？我的回答是否定的。对此，我举以下例子说明。

第一个例子是，一天晚上，一个 15 岁的女生和同学外出，晚上 12 点还没回家，她的父母给她打电话她也不接。此时，她的父母会有什么感受？她的父母可能有各种情绪，包括焦虑、愤怒、不安等。而女生平安回家后，她向她的父母解释是因为和朋友聊天忘了时间，恰巧手机又没电了，所以才回家晚了，也没接电话。这时女生的父母心情如何？他们可能仍然会抱怨、愤怒，但是更多的是喜悦，觉得只要女儿平安回来就好。

第二个例子是，在女儿婚礼的现场，父母可能既为女儿结婚而感到高兴，又有一些依依不舍，甚至会对她即将开始的新生活有些担心。

第三个例子是，孕妇对于新生命的到来一定非常高兴，但分娩过程又是非常痛苦的。

综上，我想强调的是，在某个情景下，人的感受通常都不是单一的，不是只有快乐或者痛苦，而是多种情绪交织在一起的。幸福绝不只是简单的快乐，也不是仅仅没有痛苦。

在理论方面，马斯洛的需求层次论具有非常广泛的影响。马斯洛认为人的需求可分为 5 个层次，即生理需求、安全需求、归属和爱的需求、尊重的需求、自我实现的需求。人在需求得到满足以后，确实能够得到愉悦感，但需求得到满足后，这种愉悦感能够持续多久呢？我举例说明。学生经过长时间的学习，如果能考上名牌大学，一定是非常高兴的，但这种快乐会持续多久呢？对此，我问过很多学生，大多数学生说是 1 ~ 2 个月，他们在暑假拿到录取通知书后往往会特别高兴，但真正到大学后，很快就无法高兴了，因为名牌大学的"学霸"太多，竞争压力太大。他们在高中都是班里的前几名，但到了大学后却发现即使很努力，也很难成为前几名，于是心理就失衡了。我的有些学生是工作以后考博的，我问他们当拿到博士录取通知书的时候愉悦感持续了多久，有一个学生的回答让我印象非常深刻，她说当拿到博士录取通知书时她正在上班，只是把录取通知书打开看了一眼，就把它塞回了信封，继续工作。也就是说她的愉悦感连5分钟都没有。

以上例子说明：第一，我们的快乐通常来得快、去得快；第二，如果说快乐是通过满足需求而获得的，那么，必然会出现要求越来越高而需求越来越难以满足的现象。例如，人在饥饿的时候吃第一碗饭会觉得特别幸福，吃第二碗的时候感觉还不错，但越往后就越不享受了。物质匮乏的时代，人们吃一块糖可能都觉得美味，而现在人们能吃到各种各样的美食，一块糖甚至一盒名牌巧克力也可能远远不能让人们觉得美味。这就是经济学中所说的"边际成本递增，边际收益递减"现象。人的需求就是如此，当人们的需求被满足以后，另一个新的更难满足的需求就会出现。因此，以满足需求作为幸福的源泉是不可靠的，这种需求的满足所得到的快乐也不可能是持久的。

与快乐相对的是痛苦。人生的痛苦是不可避免的。事实上，不管看上去多么顺利的人，也会遇到各种困难和痛苦。叔本华说："生命是一团欲望，欲望不满足便痛苦，满足就开始无聊。人生就在痛苦和无聊之间摇摆。"很多人确实如此，因为生活在各种欲望中，所以要么痛苦，要么无聊，总之就是始终不愉快、不幸福。这也从侧面说明，如果以马斯洛需求层次理论作为幸福的理论支撑，并不能真正解决问题。

那么，到底应该如何增进幸福呢？幸福是人类永恒的追求，人类从古至今都在追求幸福，各种学科和学术研究也都试图努力增进人类幸福。例如，经济学认为收入和福利的增加会增进幸福，法学认为法制和安全会增进幸福，政治学认为民主可以增进幸福，社会学认为社会公平和社会合理流动可以增进幸福，教育学认为获得知识和能力能够增进幸福，宗教学、哲学、伦理学认为美德可以增进幸福，心理学认为需求得到满足能够获得幸福。我认为这些学科的假设都是成立的，但都没有从根本上解决如何增进幸福的问题。以下对其中一些理论和研究做简单介绍和分析。

第一个理论是社会发展理论，即认为社会发展会增进幸福。但是，美国政治心理学学者罗伯特·莱恩却在其著作《幸福的流失》中对此提出了质疑。他研究了美国、英国等发达国家近几十年来的经济增长、市场变化、民主制度的完善以及自由的增进等，发现这些国家几十年来国民收入是成倍增加的，市场也不断完善，民主制度也在完善，自由也在增进，但这些国家的人的幸福水平并没有同步增加，甚至反而在很大程度上下降了。典型的例子就是这些国家的人的抑郁症患病率、自杀率都大幅提高。可见，社会的发展并不必然给人带来幸福。

第二个理论是人力资本理论。2020年是人力资本理论创立60周年，这期间有多位人力资本理论的相关研究者获得了诺贝尔奖。人力资本理论的贡献在于促进了人们对人作为生产力的重视，促进了个人和社会对教育的投资。该理论认为，增加对教育的投资能够增进人的知识和能力，提高人的劳动生产率，进而增加个人和社会的收入。它的潜在假设是，增加收入必然能够提升幸福。事实上，在极端贫困的情况下，每增加一点收入，人的幸福水平会随之显著提高，但是收入达到一定水平后，新增的收入对幸福水平的影响是很小的，甚至可能会对人的幸福水平带来负面的影响。可见，收入与幸福的关系是很复杂的，并不是收入越高就越幸福。人力资本理论指导人们要好好学习、不断提高学历水平，从而增加收入，但增加收入后怎么才能幸福呢？该理论没有给出回答，这是它欠缺的地方。

第三个理论是社会分层理论。社会分层理论不仅在社会学界的影响很大，在教育界的影响也很大。该理论认为，根据财富、名声、地位和权力，芸芸众生可以被分为处境优劣不等的若干个层次。这个现象确实存在。社会分层理论的一个假设是，所处的社会层次越高，人们会越幸福。但经验告诉我们事实不一定如此，财富、地位和权力都不一定会给人带来幸福。例如，我们有时会看到这样的新闻：某位著名的演员既有好看的外表，也有很多金钱，还有很多追随者，却因抑郁症而自杀了。可见，外在的名、权、利与幸福之间也不具有必然的联系。

以上是理论方面的分析，我们再来看看实证研究的结果。克里斯托弗·彼得森是积极心理学领域的先驱之一，他收集了全世界数百项针对影响幸福的因素的重要研究，并对研究结果进行了元分析，发现与幸福存在低相关的因素是年龄、性别、教育、社会阶层、收入、外表吸引力。与幸福存在中等程度相关的因素是健康、婚姻、宗教信仰、朋友的数量、外向、自律。与幸福存在高相关的因素是感恩、工作和乐观。可见，幸福是一个很复杂的概念，影响因素非常多。前述的理论都把如何获得幸福的问题简化了，而且更注重外在因素的影响。这些理论甚至也在一定程度上误导了人们对幸福的认知和追求。

三、心安即幸福

人能不能够获得持久的幸福？能不能每个人都获得幸福？这是我们真正需要关心的问题。我带着这些问题开始了对中国传统文化的学习。

为什么要从中国传统文化中去寻找答案呢？哈佛大学的泰勒·本—萨哈尔在《幸福的方法》一书中提到，积极心理学的理论以及他的幸福理论的核心元素很多来自中国的哲学思想和世界观。我想，作为一名中国人，不是更应该直接从中国传统文化去寻找幸福的智慧吗？因此，我重新回到传统文化，从中国古圣先贤的智慧中寻找答案。在学习过程中，我发现在中国传统文化中有一个很重要的词与幸福有关——心安。

幸福是"心"的一种状态或者外在表现，心平气和、问心无愧、心安理得、心旷神怡、随心所欲等都是中国人用来形容人的良好状态的词汇。汉语中也有很多用"心"来表现人与人之间互动状态的词语，如一心一意、全心全意、万众一心等。同时，汉语中还有很多用"心"描述人的不愉快状态的词语，如力不从心、漠不关心、心灰意冷、灰心丧气、心事重重、心浮气躁、心烦意乱、胆战心惊、心如刀割、心乱如麻、心急如焚、万箭穿心、心力交瘁等。可见，汉语中描写"心"的状态的词汇特别丰富。

还有一个字是"安"。"安"在甲骨文中由两部分构成，上面部分是一个房子，下面部分是一个女字，我们可以把这位女性想象成妈妈或奶奶。试想，一个孩子放学后高高兴兴地回家，却发现家里没有一个人，他会有什么感受？他会不安。但如果他回家的时候，他的奶奶、妈妈在门口微笑着迎接他回家，他会有什么感受？他会心安。

"安"是一种稳定的状态。汉语中也有很多与"安"有关的词汇，如安如磐石、国泰民安、长治久安、心安理得、安然无恙、平安无事、一路平安等。中国也有很多地名带"安"字，如北京的长安街、天安门，还有泰安、西安（古称长安）等，这些地名中的"安"字都代表一种美好的寓意。中国也有很多形容"不安"状态的词汇，如动荡不安、寝食难安、忐忑不安、局促不安等。可见，"安"大体上可以分为两种状态：一种是身安，另一种是心安，也就是说，这个"安"不仅指个体身体安全，国家没有战争、灾荒，还指个体的心安。

中国古圣先贤关于心安的论述有很多，王阳明就曾说："圣人之学，心学也。尧舜禹之相授受曰：'人心惟危，道心惟微，惟精惟一，允执厥中。'此心学之源也。"这句话的意思是，圣人之学就是探讨"心"的学问，尧、舜、禹在禅让天下时相互告诫的"十六字心传"：人心是很危险的，道心是很微妙的，因此，应该精诚努力、专心致志地净化自己的心灵，以恭敬之心来坚守中道。这就是心学的源头。"危"的反面就是"安"，因此也可以说，圣人之学就是让人去除不安而走向心安的学问。《论语》说"君子不忧不惧"，"不忧不惧"是心安的表现，忧和惧是心不安的表现。子路问孔子的志向是什么，孔子说："老者安之，朋友信之，少者怀之。"为什么要使老者"安"呢？或者说，老人为什么通常会不安呢？老人的不安可能有多方面的原因，如衣食温饱的需求得不到满足、疾病的困扰等，但最重要的原因可能来自对死亡的恐惧。从根本上帮助老人解决身安、心安的问题就是孔子的志向之一。孟子说："君子有三乐，而王天下不与存焉。父母俱存，兄弟无故，一乐也；仰不愧于天，俯不怍于人，二乐也；得天下英才而教育之，三乐也。"孟子说的君子三乐，第一种是父母都在，兄弟平安，即家庭的天伦之乐；第二种是问心无愧，无愧于天地，无愧于他人，这是心安的状态；第三种是对优秀人才进行教育，是为天下做贡献的快乐。《中庸》里也有相关表述："喜怒哀乐之未发，谓之中；发而皆中节，谓之和。"我理解而这里的"中""和"都包含心安、平和之意。《大学》中说："大学之道，在明明德，在亲民，在止于至善。知止而后有定，定而后能静，静而后能安，安而后能虑，虑而后能得。"这里"知止"的"止"就是"止于至善"的"止"，即知道人生应"止于至善"，内心就坚定了，内心坚定就会不为外欲所动、静如止水，心静后才能心安，继而能够周全地考虑问题，真正有所得。这里的"得"包括学识、品德、财富、功名，也包括人生幸福。《大学》中还主张修身、齐家、治国、平天下，我理解这里的"平"肯定不是用武力平定天下的意思，"平"就是"安"，"天下平"即安天下，能够"安"天下人之身和心，才叫"安天下""平天下"。"四书"的这些论述都给了我们有关心安与幸福之间关系的启发，而王阳明在《传习录》中则直接告诉人们："此心安处，即是乐也。"也就是说，心安就是幸福、快乐的状态。

以上内容可概括为以下两点：第一，心安是福、是乐；第二，心安的状态应该是人人可以达到的，也是可以长期持续的。有了对心安的理解，我们对幸福的理解和追求就不一样了。事实上，在中国古代汉语中，"幸""福"两个字很少一起出现，幸就是幸运的意思，幸运的出现当然会带来快乐，而幸运的出现往往是偶然的，其带来的"福"也是转瞬即逝的，甚至与祸相依。因此，我们追求的不应是偶然的、短暂的快乐，而是长久的心安。

我认为心安也分两种：一种是猪八戒式的心安，即结婚生子，过普普通通、平平安安的生活；另一种是唐僧式的心安，即明知前面有妖魔鬼怪、重重磨难，但仍然义无反顾、志定心坚。我们可能无法做到唐僧式的心安，但也不能满足于猪八戒式的心安。现在有一部分人已经可以衣食无忧了，那么下一步该怎么做？如果一个人整天吃喝玩乐，其实是会于心不安的。怎么做才能让自己心安？做到真正的心安并不容易。相传禅宗二祖慧可断臂求法，他向达摩请求："我心未宁，乞师与安。"达摩却说："将心来，与汝安。"慧可沉思良久，疑惑地说："觅心了不可得。"达摩说："我与汝安心竟。"这很难理解，每个人的理解也不相同。我的理解是"心"本就不是一种实有的存在，自然找不到，更拿不出，而当一个人没有了执着地要"安心"的欲念时，"心"就不存在了，也不存在是否要安心的问题，这种状态就是心安。我由此得到的启发是人应该追求幸福，但又不能天天对幸福念念不忘，不能对幸福抱着过于强烈的、执着的欲望。当人抱有获得幸福的强烈愿望却没有达到时往往会非常痛苦，但如果只管耕耘、不问收获，幸福可能会与你不期而遇，这种不期而遇的幸福会给人更大的惊喜。

可见，心安有不同的境界。那么怎么去追求更高的境界呢？最根本的方法就是《大学》中提到的两个字——"修身"。《大学》中讲了很多具体的"修身"方法，如格物、致知、诚意、正心等。我认为追求更高境界的心安需要从以下几方面去"修身""修心"。

第一，要读书明理。人们一般说心安理得，但我认为应该是得理心安，即如果有理就能心安，没有理，心就不安。那么，"理"是什么呢？"理"包括关于世界的规律、道理，也包括社会的伦理、道德。我们读书就是要知道世界发展的规律，进而从必然王国走向自由王国。当不明白世界的规律和道理时，我们就如同在黑暗中摸索，这种情况下，人怎么能心安呢？人一旦明白了道理，就如同周围的灯亮了，黑暗就不存在了，人就能心安了。因此，往往读的书越多，我们明白的道理就越多，就越容易心安。我们不仅要多读书，更要读好书，尤其要读古圣先贤的经典著作。

第二，要为善去恶。一个贪官即使暂时没有人发现他贪赃枉法的行为，他的心也一定是不安的，甚至会寝食难安。如果我们平时多做善事，不做坏事，尤其不做违法的事，就会心安。我们不仅要"修己""安己"，还要"安人"，让他人也能够心安。"安人"首先要"安家人"，时刻给家人心理上的安全感，继而再去"安百姓""安天下"，为世界上更多的人带来安全、安定，这也是齐家、治国、平天下的逻辑次第。

第三，要知足感恩。在物质上，我们应该像颜回一样"一箪食，一瓢饮，在陋巷，人不堪其忧，回也不改其乐"。其实，人在物质上的需求可以很少，如人的饭量是一定的，吃饱就够了，人也不需要买很多件衣服，这叫知足，知足能够给我们带来幸福，也会让我们更感恩这个世界。其实一切都来之不易，我们能平安地活着就是最大的奇迹，而生活在当代中国，几十年没有战争，经济迅速发展，国富民强，我们就更应学会感恩，感恩无数的人们一直在为我们负重前行。在新冠疫情期间，我们更要感恩医护人员的挺身而出和很多人的无私奉献。当发自内心地感恩时，我们会发现自己并不孤独，因为我们知道世界上很多人在为我们服务，所以我们也应该更加努力，更加尽责，包括对自己、对家庭、工作和国家尽责，这样世界就会更美好。

第四，要问心无愧。是否问心无愧，只有自己知道。例如，一个人说谎时，可能别人都不知道，但是他自己一定知道，并且会产生愧疚感。因此，古人特别强调"慎独"，真正的诚实不是不向别人说谎，而是不对自己说谎，不自欺欺人。人只有不欺骗自己时才会问心无愧，才会心安。不仅如此，还要致良知，即不断提升自己的思想道德境界和认知水平、判断能力，按照良知的引导行事，这样才会更加心安。

第五，要宠辱不惊。很多人容易受外界环境的影响，即心随境转，外部环境稍有变化，他们的情绪就会马上随之变化。其实，我们应该追求一种境界，即不被外部环境过多地影响，否则，就无法主宰自己的人生，无法得到真正的自由。"随遇而安"这个词要从积极意义上理解，即能适应各种环境，在任何环境下都能保持"安"的状态，看淡一些事情，尤其不要把自己的利益看得太重。为什么很多人会感到不安呢？因为世界变化太快，人们不知道接下来会发生什么、遇到什么。因此，如果我们一方面做到随遇而安，另一方面又做到尽心尽责，就能使自己心安不惧，也会让世界更平和美好。

第六，要志存高远。"高"就是更高的境界，"远"是影响更多的人、影响更大的世界。志存高远就要求我们不仅要不断修炼自己，同时也要积极地做有利于他人的事。

冯友兰提出了人的"四境界说"，即人可分为4种境界：自然境界、功利境界、道德境界和天地境界。婴儿出生以后出于本能想吃奶，这是自然境界；追求物质财富、功名利禄是功利境界；道德境界可以理解为做有利于他人的君子、贤人的境界；天地境界就是与天地万物融为一体的境界。如果一个人始终处于功利境界，就会患得患失，就会宠辱皆苦。但如果处于道德境界，为而不害，利而不争，就会在他人的幸福中收获更大的幸福。

当我们理解心安、找到心安的途径以后，就会发现人生完全可以不是一条抛物线。人生确实有马斯洛所说的各种需求，但是随着心智的发展、境界的提升，人们对于生理的需求、安全的需求、归属和爱的需求、尊重的需求都会下降，但对于自我实现的需求却会不断上升，我们可以不断地实现自我、超越自我。人的一生就是学以成人，不仅要成为一个真正的人，还可以进一步成为君子、贤人，甚至可能最后变成圣人。由此，我对人生有了新的理解，我认为人生不应被比喻成跳高，而应被比喻成登山。人生如登山，是不断地向上、向善的，人的每一步都要踏踏实实地往上走，登山的过程是无止境的，因为成为一个圣贤的境界是无止境的，站在越高的高度，人生的风景就会越美。人生如登山，不是一条抛物线，而是一条不断向上的曲线。这就是我对人生新的认识。

这一认识也改变了我对教育的信念和实践。我对教育最基本的信念之一是教育应促进师生的幸福。如果教育没有促进师生的幸福，就意味着肯定在某方面出了问题。我的另一个信念是教师要成为幸福者的表率。如果教师不幸福，怎么可能教出幸福的学生？

有这些想法后，我也在做一些实践探索。例如，为了帮助人们"修身"，并提升感知幸福、创造幸福的能力，我设计了一套叫"幸福日志"的日记本。一套"幸福日志"共4册，每册100页，每一页上都印有"读书明理""觉察幸福""三省吾身"等"每日功课"。在"读书明理"部分，我从《大学》《中庸》《论语》《孟子》《道德经》中各摘录出若干句有利于人生修养的名言，让使用者每天学习一句，长期坚持，潜移默化地被影响。"觉察幸福"部分，包括让使用者回忆每天的"善行善念""幸福时光""感恩世界"3项功课。"三省吾身"也包括3项功课，即让使用者反思以下3项：一是"不说谎"，不对他人说谎，也不对自己说谎，不愧对自己的良知；二是"不抱怨"，不仅不推卸责任、指责他人，还应该积极、努力地解决问题；三是"不懈怠"，要不断努力，不断地向上、向善。我认为坚持写"幸福日志"对各类人群都是非常有益的。例如，刚刚当父母的人一定要写"育儿日志"，要天天观察孩子、了解孩子，这样就会更懂孩子，从而更会教育孩子；刚刚结婚的人可以写"新婚日志"；教师可以写"教学日志"，促使自己去观察、理解、帮助学生，不断反省，成为学生的表率。

从 2016 年开始，我与一批中小学教师开始一起探索幸福教育，项目逐渐推广到全国几十所学校，于是我们在 2019 年成立了一个组织——"初心幸福教育之家"。这个组织使用了"家"的概念而不是常见的"联盟"，因为"家"是中国传统文化中的重要概念，是一个充满无私的爱、令人心安、助人成长的地方。"初心幸福教育之家"的"家训"是"不忘初心，共谋幸福"，"家规"是"立志幸福，向上向善，内省不疚，尽则心安"，"家风"是"自觉自律，自信自强，真诚大爱，和合精进"。

幸福是不断向上、向善的心安。想要获得幸福，首先要获得心安，但不是猪八戒式的心安；向上就是思想境界的提升，向善就是多做好事，多做有利于社会的事。追求心安需要以持续不断地提高自我修养为基础，达到的境界越高，做到心安就越容易，心安的时间就会越持久。这就是我们所应该追求的，也是人人都可以获得的持久幸福。

经过新冠疫情的洗礼，希望每个人都能更理解幸福的含义，追求心安，获得持久幸福。

文字整理：张楠、李宇航

第八讲

新型冠状病毒肺炎疫情期间
的大气污染

主讲人：Guy P. Brasseur

主讲人简介

Guy P. Brasseur，德国马克斯—普朗克气象研究所高级科学家，比利时高空大气物理研究所科学家，美国国家大气研究中心（National Center for Atmospheric Research，NCAR）副主任兼大气化学实验室主任。欧洲科学院院士，挪威科学院外籍院士，德国汉堡科学院院士，比利时皇家科学院院士。比利时布鲁塞尔自由大学博士，被巴黎第六大学、奥斯陆大学及雅典大学授予荣誉博士学位。

我要与大家分享的主题是"新型冠状病毒肺炎疫情期间的大气污染"。由于大气污染问题错综复杂，我要从大气污染的产生、监测、预测讲起。我们为何要关注大气化学？我们为何要关注大气化学的反应过程？

大气污染发生在各区域尺度。100km 以下的小尺度区域有很多造成局部大气污染的现象，如自然灾害、雾霾和工厂排放废气。如果我们进一步聚焦区域性污染，一般在 100km ～ 1000km 的范围会涉及其他大气环境问题，如能见度降低、局部地区的酸雨。如果我们从大气化学的全球影响来看，还包括臭氧的形成与分布。大气污染是一个全球性问题，涉及气候驱动力、环境中的各种化学物质如何影响气候以及大气化学如何与生物圈产生联系。这个过程我们称为生物地球化学循环。

如今一谈到大气污染问题，我们会立刻想到其对人体健康的影响。2012 年的一项研究显示，疾病是造成死亡的最大风险，疾病的诱发风险因素中排在第一位的是高血压，之后是抽烟、喝酒，第四位就是大气污染。[①]大气污染包括室内空气污染和室外空气污染，其中颗粒物是对人体健康危害最严重的污染物之一。2018 年，世界卫生组织估计，大气污染导致全球每年约 700 万人过早死亡，这也是我们如此关注大气污染的原因。

---

① Lim S. S., Vos T., Flaxman A. D., et al. A comparative risk assessment of burden of disease and injury attributable to 67 risk factors and risk factor clusters in 21 regions, 1990-2010: a systematic analysis for the Global Burden of Disease Study 2010[J]. *The Lancet*, 2012, 380(9859): 2224-2260.

一、大气污染与大气化学基础

对于大气污染，我们首先需要识别并量化排放源。排放源的种类繁多，对排放源进行研究非常重要。排放源分为天然排放源和人类排放源。人类排放源包含很多种类，如温室气体——二氧化碳、甲烷、卤代烃；一些化学性质活泼的有毒气体，这些有毒气体虽然不会直接影响气候，但对于空气质量来说至关重要，一氧化碳、苯极易受人类活动的影响。还有其他还原性气体在大气中会通过不同的化学反应发生转化，即气体的氧化反应，这是一个非常复杂的过程。还原性气体通过氧化反应把原生物质（一次污染物）转化为次生物质（二次污染物），如臭氧、其他酸性物质等。这些二次污染物会通过物理沉降的方式返回地面。物理沉降的方式有两种：一种是干沉降，如落到树叶上、地面上；另一种是湿沉降，如水溶性物质会被雨水冲刷掉。一场大雨过后，空气之所以变得非常清新是因为大雨冲刷了污染物。在这个循环过程中，有一种在这个氧化作用中起到关键作用的反应性极强的化合物，叫作 OH 自由基。它是氧原子与氢原子结合产生的自由基，化学性质非常活泼，几乎可与任何物质发生反应。

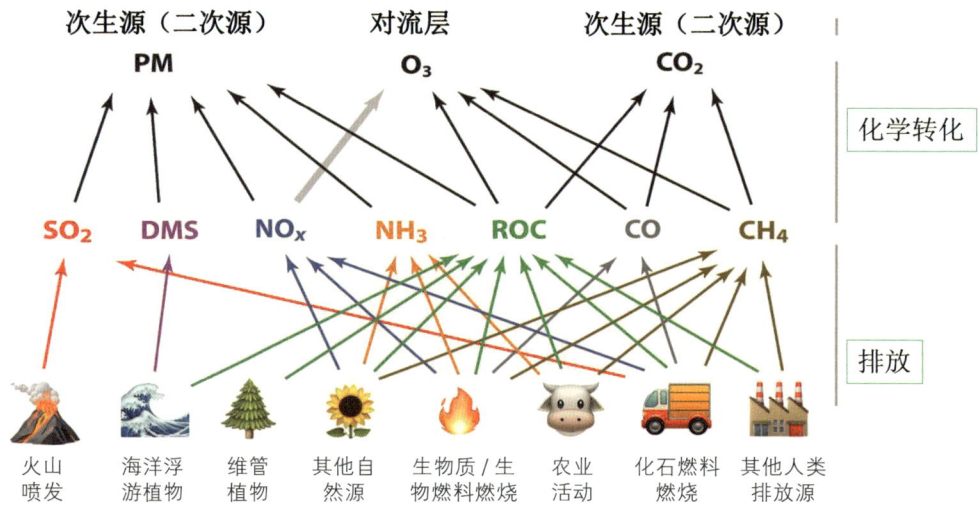

图1 主要的排放源

图1进一步解释了我刚才提到的内容。图1最下面一行是排放源，有火山喷发、海洋浮游植物、维管植物、生物质燃烧、农业活动、化石燃料燃烧，还有其他人类排放源。排放源上面一行是排放源排放出的化合物。我重点讲其中一个，即活性有机碳（ROC），在这里也可以称为挥发性有机物（VOCs）或碳氢化合物。挥发性有机物主要来源于树木，树木属于天然排放源，但挥发性有机物也可以由化石燃料燃烧、农业活动等产生。二氧化硫（SO_2）、氮氧化物（NO_x）、活性有机碳（ROC）、一氧化碳（CO）、甲烷（CH_4）等化合物都被排放到大气中，经过化学反应后产生二次污染物，这些二次污染物包括颗粒物（PM）和臭氧（O_3）。臭氧是另一种污染气体，还包括温室气体二氧化碳（CO_2）。

　　刚才提到的这些化合物从直接排放的一次化合物，经过氧化作用，转化为大气中生成的二次化合物。在这个过程中，OH 自由基是重要的氧化剂。那么 OH 自由基是如何产生的呢？它的产生与大气中的臭氧和水蒸气有关。大气中存在臭氧，在太阳照射下（图 2 中 $h\nu$ 代表的是太阳光的能量）臭氧会分解生成氧原子，氧原子会进一步与水蒸气发生反应，最终产生两个 OH 自由基。OH 自由基又可以与任何化合物产生反应，从而产生了上述的二次化合物。在图 2 中，我用 X 指代任何化合物，包括一氧化碳、甲烷等。OH 自由基是反应活性极强的化合物，因此它的生命周期非常短暂，只能在大气中存在约一秒的时间。OH 自由基与这些化合物发生反应后就分解了，但又会有新的 OH 自由基不断产生，因此空气中的 OH 自由基的浓度很低且是不断变化的。

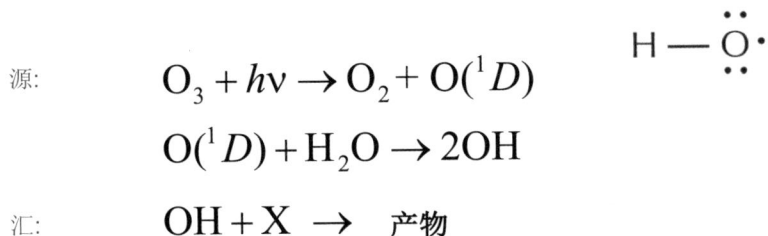

源: 　$O_3 + h\nu \rightarrow O_2 + O(^1D)$

$$O(^1D) + H_2O \rightarrow 2OH$$

汇: 　$OH + X \rightarrow$ 　产物

图 2　OH 自由基的产生

接下来我解释一下臭氧是如何产生的。我们知道在15km以上高度的大气平流层有个臭氧层。平流层的臭氧会在风的作用下向下移动，最终沉降到地面。这是1970年左右我们对较低大气层臭氧收支平衡的理解。

但现在，我们的认识变了。除了平流层臭氧的输入外，我们强调重要的局地化学过程对臭氧分布的作用。首先，OH自由基会通过一个反应链消耗臭氧。臭氧发生化学反应生成的OH自由基与一氧化碳、挥发性有机物发生反应，转化为另一种自由基，叫超氧化氢。超氧化氢会转化为过氧化氢，而过氧化氢遇降水天气会被清除出大气。绝大多数来自人类的污染活动排放的一氧化碳、挥发性有机物使这个反应链能够存在。但另一方面，人类排放的另外一种污染物值得我们特别关注，即一氧化氮，它也是地面排放的。当一氧化氮在大气中大量存在时会与超氧化氢反应生成二氧化氮，二氧化氮又通过光解反应生成臭氧。这是一个很复杂的化学反应系统。这个系统被一氧化碳、挥发性有机物和一氧化氮这3种"燃料"激发和驱动。一氧化碳、挥发性有机物和一氧化氮的排放使得臭氧被分解、再生。在对流层形成臭氧生命周期循环，从而我们可以得知，在局地因光化学反应产生了多少臭氧，从平流层下来了多少臭氧。每年从平流层下降到对流层的臭氧只有5亿吨，对流层中大部分臭氧是通过光化学反应生成的。当然，大量臭氧也通过光化学反应消耗，只有少量沉降到地面。这就是大气中臭氧的概况。

臭氧的生成主要与两种化合物有关：一种是挥发性有机物，它主要来自工厂废气或植物；另一种是氮氧化物，它主要来自机动车尾气。氮氧化物经过化学反应，通过加热（即在太阳光的作用下）生成了二次污染物，如臭氧。臭氧对人体健康有很大的危害。

从图 3 我们看到臭氧浓度随着氮氧化物排放量的增加而升高到某个特定值后，如果氮氧化物的排放量继续增加，臭氧浓度就开始降低。从图 4 我们可以看出，随着挥发性有机物排放量的增加，臭氧浓度升高到某个特定值后就保持不变了。这表明假如我们身处没有污染的乡村地区，臭氧浓度会随着氮氧化物排放量的增加而升高。但假如我们身处污染严重的地区，氮氧化物的排放量的增加反而会导致臭氧浓度下降。这是个非常特别的现象，即减少氮氧化物，臭氧不降反升。因此，周末的时候如果交通量减少，城市地区的臭氧浓度会比工作日更高。同理，在新型冠状病毒肺炎疫情（以下简称新冠疫情）期间人类活动锐减的情况下，氮氧化物的排放量减少，这时很多地区的臭氧浓度应该是上升的。如果我们要更准确地计算臭氧浓度及其随时间的变化，就必须考虑这两个重要的化学驱动因素——氮氧化物和挥发性有机物——的影响。

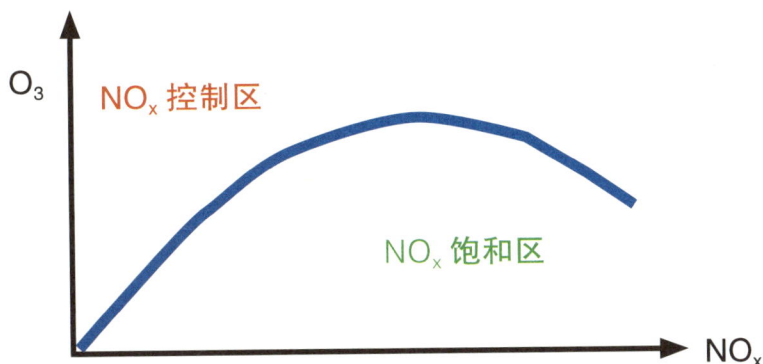

图 3　臭氧浓度与氮氧化物排放量的关系

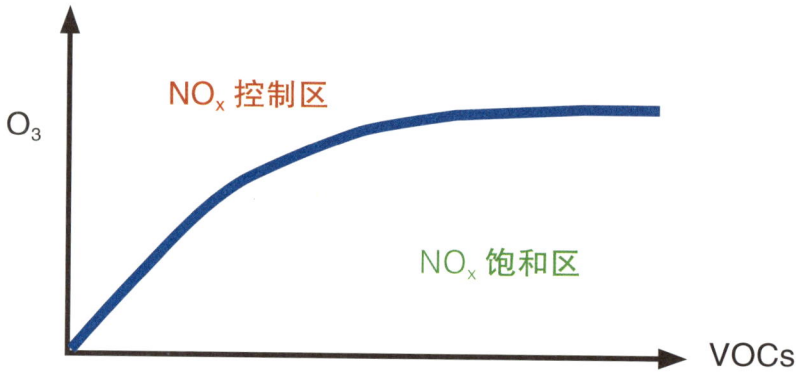

图 4　臭氧浓度与挥发性有机物排放量的关系

　　在污染不严重的氮氧化物控制区，如果降低挥发性有机物的浓度，臭氧浓度并没有什么变化，因此在该区域要降低臭氧浓度，我们必须减少氮氧化物的排放，而不是减少挥发性有机物的排放。但在污染严重的氮氧化物饱和区，如果减少氮氧化物排放量，臭氧浓度反而会上升。例如，某个地区的臭氧浓度为 $40\mu g/m^3$，减少氮氧化物的排放量后，臭氧浓度会增加。氮氧化物浓度的减少导致了臭氧浓度激升，这就是新冠疫情期间在中国华北地区很多城市出现的现象。可见，依据当地的情况不同，臭氧浓度的变化趋势取决于受氮氧化物或 VOCs 单一驱动的非线性化学体系或取决于受它们二者共同驱动的非线性化学体系。美国的臭氧浓度模型展示了臭氧浓度发生的巨大变化，中国也有类似的臭氧浓度变化模型，这也说明了臭氧的复杂性。除了污染物排放，臭氧还极易受到天气变化的影响。因此，天气变化、大气的动态变化都非常重要。如今很多地方在努力降低臭氧浓度。

　　臭氧对人体健康有害，会对人的肺部、心脏造成不良影响。工业革命前欧洲臭氧的平均浓度在 21 ～ 43µg/m³。现在，欧洲臭氧的平均浓度约为 86µg/m³，在中纬度地区，根据区域不同，臭氧的浓度在 43 ～ 107µg/m³。[1] 因此，不同的国家又设定了各自的限定标准，例如，美国在 1997 年设定的臭氧 1 小时平均浓度上限是 257µg/m³，从 2014 年开始这个标准上限下调到了 150µg/m³。[2]根据 GB 3095—2012（《环境空气质量标准》），中国的空气质量标准是臭氧 8 小时浓度日平均值不超过 160µg/m³。可见，各国都在尽力下调臭氧浓度标准，让空气变得更清新。当然在此只讨论臭氧问题，中国还有颗粒物污染问题。

　　通过对 2013—2017 年的臭氧污染情况进行分析，我们可以得到一个结论，就是臭氧浓度逐年升高。[3]2017 年，中国东北部的这个数值特别高，北京、上海的数值也很高。出现这个现象的主要原因是氮氧化物排放量增加。只要不是在重污染地区，氮氧化物越多，臭氧浓度就越高。

二、大气污染与大气化学观测

　　中国地面监测站的网络通信系统非常完善。地面大气监测站主要用来监测空气质量的动态变化。我们还会用到卫星，卫星的监测能力非常强大，它能覆盖全球，看到全世界的情况，包括没有地面监测站的地区。我向大家介绍其中一颗卫星，也就是搭载了对流层观测仪（the Tropospheric Monitoring Instrument，TROPOMI）的"哨兵-5"卫星。这颗卫星由荷兰

① Tarasick D., Galbally, I. E., Cooper O. R., et al. Tropspheric ozone from 1877 to 2016, observed levels, trends and uncertainties[J]. *Elementa*, 2019 7 (1).DOI: http://doi.org/10.1525/elementa.37.
② US EPA.Table of Historical OzoneNational Ambient Air Quality Standards (NAAQS)[S]. 1990. https://www.epa.gov/ground-level-ozone-pollution/table-historical-ozone-national-ambient-air-quality-standards-naaqs
③ Li, K., Jacob, D.J., Liao, H. et al. A two-pollutant strategy for improving ozone and particulate air quality in China[J]. *Nature Geoscience*, 2019(12):906-910.

政府管理，它可以监测臭氧、氮氧化物、甲醛，还可以监测二氧化硫。二氧化硫的数据对我们很重要，可以反映煤炭燃烧的状况。这颗卫星还可以监测很多其他化学物质，而且反馈的图像分辨率很高。

那么这颗卫星是如何工作的呢？我们可以选取太阳的辐射光谱中的一段来研究。这类辐射光谱的拍摄大多受技术条件的限制。如果监测到大气中存在二氧化氮，那么光谱图里就可以看到一些线条。这些线条有点类似条形码，根据这些线条我们可以得知化学物质的浓度。这些信息都是通过监测得来的，这颗卫星围绕着地球转动，然后反馈很多化学物质浓度的数据，如二氧化氮、臭氧、甲醛、一氧化碳、甲烷、二氧化硫。卫星的日常监测工作就是监测这些化学物质的浓度。在南半球春季，我们通过南极上空监测到的臭氧浓度图可以看到蓝色的臭氧空洞，也能对臭氧进行浓度测算。我们发现对流层的臭氧浓度相对较低。

通过对 2018 年 4 月至 2019 年 3 月的二氧化氮的平均浓度进行分析，我们发现有些地方属于严重污染地区，如欧洲的英格兰，还有意大利的某个地区；非洲有生物质燃烧，如南非有个大工厂会造成大气污染；中国地区也有不少氮氧化物，印度也有；在南美洲的圣保罗、圣地亚哥也能够很直观地看到污染情况的细节。我们甚至能看到海洋上航运路线的污染情况，因为航船也会排放大量氮氧化物，如我们能看到南美洲从圣保罗到里约热内卢航线的氮氧化物排放的细节。欧洲的城市如伦敦、巴黎，国家如荷兰、比利时周边的氮氧化物排放浓度都很高，德国东部亦是如此。莫斯科、马德里、巴塞罗那、里斯本、伊斯坦布尔的污染，以及以色列的污染，我们都能看得到。也就是说，即使是污染程度较低的城市的污染情况我们也都能看到。

非洲的一氧化碳的来源主要与生物质燃烧有关。2019 年澳大利亚发生了严重的火灾，火灾产生了很多一氧化碳。这些一氧化碳向外扩散，穿越太平洋，一路扩散到了南美洲，因此我们说南美洲的浓烟雾来自澳大利亚森林大火。此外，火山喷发会产生很多二氧化硫。卫星监测到了二氧化硫在大气中循环流动。

三、大气污染与大气化学预报

目前，我们可以建立模型来预测大气污染的趋势，我们也在做大气污染的预测工作。具体怎么预测大气污染呢？

当发生污染时，我们就要分析污染物的化学成分，分析大气污染的形成和污染物的来源。为了完成这些工作，我们要建立模型。复杂的模型建立在气象学的基础上，我们需要了解天气情况，天气变化对大气污染的影响很大。我们还要了解污染物排放的情况，了解污染物在大气中如何形成、变化。然后我们把地球网格化，最后通过公式来计算大气的化学组成。

下面我向大家展示一下"哥白尼计划"团队对今天（2020 年 6 月 4 日）的全球范围的大气污染情况的部分预测结果。"哥白尼计划"团队由欧洲中期天气预报中心（ECMWF）运营，总部设在英国，目前在做全球范围内的大气污染情况的每日预测工作，我的团队也是"哥白尼计划"团队的成员。该团队预测 6 月 4 日美国地区有很多二氧化氮，德国也有；中国整体的二氧化氮污染不严重，包括中国北部地区污染也不严重，但上海地区的二氧化氮浓度会比较高；日本的东京、大阪，韩国的首尔附近有一些二氧化氮，但不严重。该团队预测 6 月 4 日一氧化碳浓度情况也基本如此：中国的上海地区一氧化碳污染严重；在印度周边，以及俄罗斯的符拉迪沃斯托克也有一些一氧化碳。

通常凡是产生了大量二氧化氮、一氧化碳、挥发性有机物的地方，也会生成大量的臭氧。气溶胶光学厚度基本上是与气溶胶浓度成正比的。

通过对二氧化氮浓度预测值与观测平均值进行对比，我们发现虽然每个监测站的数据略有不同，但预测总体比较准确。虽然我们预测的峰值早了点，实际的峰值出现得晚一些，但其余预测值和相应的观测平均值相差不大，尤其是预测的最小值基本和观测平均值相符合。

对臭氧浓度的预测受二氧化氮浓度影响很大。我们预测下午的臭氧浓度偏低，因为那时二氧化氮的浓度偏高，在城区，二氧化氮会消耗臭氧。因此，如果增加二氧化氮的排放量，臭氧浓度会降低，就出现了"高二氧化氮低臭氧"的现象。

PM10（可吸入颗粒物）主要来自扬尘。预测模型对北京 6 月 3 日的 PM10 的预测值都非常低，对 PM2.5（细颗粒物）的预测值也很低。但是在实际观测中我们观测到了非常高浓度的颗粒物。6 月 3 日，北京出现了沙尘暴，但预测模型没有预测到。可见，对大气污染的预测有时比较准确，有时不完全准确。

我们前面讲了 3 点。第一，大气化学如何发生作用。第二，我们可以监测大气的化学组成。第三，我们可以预测大气质量情况，但预测有时会失败。

四、新冠疫情期间的空气质量

最后一部分我们来看一下新冠疫情期间的空气质量情况如何，在此期间人们的活动大幅减少。

自 2020 年 1 月下旬武汉封城以来，武汉的交通量出现了变化。武汉的交通量在封城期间不断下降，这种情况一直持续到 4 月，然后交通量开始缓慢上升。封城 10 周后，武汉交通量逐渐恢复。南京也实行了封城措施，交通量也有所下降，但南京较早解除了封城措施，交通量在 2 月底就开始逐渐恢复正常，之后甚至比 2019 年同期交通量更大。

前面给大家介绍过 TROPOMI，它可以监测二氧化氮的浓度变化和二氧化氮的来源（比如燃料燃烧、机动车尾气、工厂废气、居民用煤）。我们从卫星观测数据看到，2020 年 1 月 1—23 日，中国还没有城市开始封城，中国地区的二氧化氮浓度很高。一些城市封城后，同时也是中国春节期间，中国地区的二氧化氮浓度变得非常低。到 2 月底的时候，部分城市开始复工复产，中国地区的二氧化氮浓度开始升高。到了 3 月 25 日，多种污染物的浓度都开始上升。[①]

我们再来对比 2019 年的情况。2019 年 1 月 1—31 日，中国的二氧化氮浓度高于 2020 年同期，春节期间二氧化氮浓度很低，春节过后二氧化氮浓度持续升高。[②]2020 年中国的二氧化氮平均排放量比 2019 年少。

我们留意到，2019 年春节来临时，武汉的一次污染物浓度都大幅下降，但臭氧浓度却轻微上升。2020 年，武汉封城后一次污染物浓度都减少了，PM2.5、二氧化氮、一氧化碳、二氧化硫的浓度也开始减少，但是臭氧浓度升高了。

对武汉所有监测站的数据进行分析，我们发现，2020 年武汉的臭氧浓度确实是上升的，但其他污染物的浓度都比 2019 年有所降低。

---

① Bauwens, M., S. Compernolle, T. Stavrakou, et al. Impact of coronavirus on NO₂ pollution assessed using TROPOMI and OMI observation [EB/OL]. (2020).https://doi.org/10.1029/2020GL087978.
② Shi X.Q., Guy P. B.. The Response in Air Quality to the Reduction of Chinese Economic Activities during the COVID-19[EB/OL]. (2020). https://doi.org/10.1029/2020GL088070.

我们对中国的华北地区做了类似的分析，发现武汉封城后华北地区的 PM2.5 减少、二氧化氮浓度减少；但是臭氧浓度在武汉封城前是较低的，在武汉封城后几乎增加了一倍，这是很特别的现象。前面讲过在严重污染地区，减少氮氧化物的排放量会导致臭氧浓度上升。通过对比，我们发现二氧化氮排放量减少，臭氧浓度上升，卫星可以帮助我们实时监测封城期间氮氧化物的排放量下降了多少。

我们同样发现，2020 年中国城市的氮氧化物排放量比 2019 年同期减少了约 40%；欧洲城市的氮氧化物排放量仅比 2019 年同期减少了约 20%；美国比 2019 年同期减少了约 20%。这些是在城市 100km 的范围内监测到的数据。在城市 50km 内做这样的数据分析发现，部分城市的氮氧化物排放甚至同比减少了 50% ~ 60%。从氮氧化物排放的减少情况可以看出，我们确实采取了很多措施来限制生产活动，同时这也导致了臭氧浓度的上升。

而世界其他地方，如伊朗受新冠疫情影响比较大，但是我们没有看到明显的二氧化氮减少的情况。不论是封城期间还是新年期间，伊朗没有出现明显的二氧化氮减少的情况，说明在新冠疫情期间伊朗的经济生产活动和交通量并没有大幅减少。而在韩国，我们发现从 2020 年 2 月 23 日开始韩国的二氧化氮浓度明显降低，但下降幅度没有中国那么大。意大利经历了比较严重的新冠疫情，采取封城措施前意大利的二氧化氮浓度很高，采取封城措施后意大利的二氧化氮浓度开始下降，降至比 2019 年同期更低的水平；南美洲的巴西同样受新冠疫情影响很大，其二氧化氮浓度也明显降低。毫无疑问这些地方在新冠疫情期间也采取了相关措施。

根据 TROPOMI 观测，4—5 月中国在慢慢恢复生产后，又出现了大气污染，臭氧浓度降低，二氧化氮浓度上升。

　　我想给大家分享的就是这些。我希望能与大家分享一些关于大气污染形成过程的知识，包括一次污染物，如氮氧化物的排放是造成大气污染的一个重要因素，还有颗粒物、臭氧。我还向大家阐述了臭氧浓度是如何随着氮氧化物排放量发生变化的。颗粒物可以是一次污染物，也就是直接排放到大气中的污染物，但大部分的时候是二次污染物，也就是在大气中发生化学反应后生成的污染物。什么情况下颗粒物是一次污染物呢？当它们直接来自地面，然后排放到环境中的时候就是一次污染物。但是硫、氮、氮氧化物、二氧化氮、二氧化硫遇水后可以发生反应转化为 PM2.5，当 PM2.5 的浓度达到一定数值后可能造成十分严重的大气污染现象。因此，为了决定怎样治理污染，我们需要了解这其中的化学反应；我们需要监测这些化学反应；我们需要建立化学反应模型；我们需要了解大气污染的驱动力是什么，并准确地找出主要大气污染源；我们需要采取措施减少这些污染源的排放。

　　我希望我的讲座能帮助大家了解大气污染的产生机制、污染物的产生原理以及新冠疫情期间的大气污染情况。

翻译：张海燕

译文校对：淡默、刘畅

文字整理：罗希婧